Le livre des anges

Sylvia Browne

Adapté de l'américain par
Christian Hallé

Titre original anglais : Book of Angels
Copyright ©2003 Éditions AdA Inc. pour la traduction française
Cette édition est publiée en accord avec Hay House

Traduction : Christian Hallé
Révision : Nancy Coulombe
Typographie et mise en page : Sébastien Rougeau
Graphisme de la page couverture : Sébastien Rougeau
Illustrations intérieures : Christina Simonds

ISBN 2-89565-150-7
Première impression : 2003
Dépôt légal : troisième trimestre 2003
Bibliothèque Nationale du Québec
Bibliothèque Nationale du Canada

Éditions AdA Inc.
1385, boul. Lionel-Boulet
Varennes, Québec, Canada, J3X 1P7
Téléphone : 450-929-0296
Télécopieur : 450-929-0220
www.ADA-INC.com
INFO@ADA-INC.COM

Diffusion
Canada : Éditions AdA Inc.
France : D.G. Diffusion
Rue Max Planck, B. P. 734
31683 Labege Cedex
Téléphone : 05-61-00-09-99
Suisse : Transat - 23.42.77.40
Belgique : D.G. Diffusion - 05-61-00-09-99

Imprimé au Canada

Participation de la SODEC.
Nous reconnaissons l'aide financière du gouvernement du Canada par l'entremise du Programme d'aide au développement de l'industrie de l'édition (PADIÉ) pour nos activités d'édition.
Gouvernement du Québec - Programme de crédit d'impôt pour l'édition de livres - Gestion SODEC.

À Reid Tracy et Daniel Levin, non parce qu'ils travaillent chez Hay House, mais parce qu'ils ont été pour moi plus que des amis, et je tiens à les remercier de m'avoir aidée à surmonter les moments difficiles alors qu'ils n'avaient pas à le faire.

Table des matières

Note de l'auteure

MÊME À l'époque où je n'étais qu'une toute petite fille, j'étais déjà fascinée par les anges et curieuse d'en apprendre davantage à leur sujet. Existent-ils vraiment ? Est-ce que les images pieuses que me donnaient les religieuses représentaient fidèlement leur apparence ? Devenons-nous nous-mêmes des anges après notre mort ?

Ayant été moi-même catholique à un certain moment de ma vie, je suppose que vous pouvez dire que j'ai un faible pour les anges. Ma fascination remonte peut-être à cette prière qu'on m'avait enseignée lorsque j'étais enfant :

Ange de Dieu, mon cher ange gardien,
Toi à qui l'amour de Dieu m'a confiée ici-bas,
Sois à mes côtés en ce jour,
Afin de m'éclairer et de me protéger,
de me conseiller et de me guider.

Mon intérêt pour les anges s'est poursuivi durant mes années de formation luthérienne, juive et épiscopalienne. (N'ai-je pas dit que j'étais catholique ? Je l'ai été, mais j'ai d'abord été luthérienne, juive et épiscopalienne. Au début de ma vie, j'étais une véritable expérience théologique sur deux pattes. Au fil des ans, ma curiosité pour les anges s'est nourrie de deux phénomènes encore plus frappants que les prières d'enfant et les histoires qu'on me racontait à l'école du dimanche. Tout d'abord, d'aussi loin que je m'en souvienne, mes guides spirituels m'ont toujours parlé de ces êtres divins. Deuxièmement, dans le cadre de mon travail de médium, j'ai rencontré un nombre incalculable de gens ayant connu une expérience de mort imminente, de projection astrale ou de régression dans une vie passée au cours de laquelle ces merveilleux êtres de lumière les avaient guidés, les avaient accueillis ou s'étaient tenus à leur chevet.

Pour ceux d'entre vous qui ont déjà lu un ou plusieurs de mes livres, je crains que cela soit quelque peu redondant, mais si vous vous préparez à lire l'un de mes livres pour la première fois, une petite présentation s'impose. Comme vous le savez peut-être, je suis un médium possédant des dons pour la transe, la clairvoyance et la clairaudition. Je suis née en 1936 à Kansas City, dans le Missouri, et je ne me souviens pas d'un seul jour où ces dons que Dieu m'a accordés ne se sont pas manifestés d'une manière ou d'une autre. En fait, je ne sais pas ce que c'est que de ne pas être médium.

L'un de mes dons médiumniques me permet de communiquer avec mes guides spirituels, ces êtres venus de l'AU-DELÀ qui veillent sur moi et m'aident à vivre ma vie ici sur terre. Chacun d'entre nous possède au moins un guide spirituel, quand ce n'est pas plusieurs. Mon guide spirituel principal s'appelle Iena ; Iena est une femme d'origine aztèque que j'ai affectueusement baptisée « Francine » la première fois qu'elle s'est adressée à moi (je n'avais que sept ans et j'étais incapable de prononcer son nom correctement.) Elle m'accompagne depuis ce jour, et je peux dire que personne n'aurait pu être pour moi une aussi bonne amie que Francine. J'ai aussi un guide du nom de Raheim, un homme originaire de l'Inde, qui a consacré sa dernière vie sur terre à l'enseignement de la spiritualité. Grâce à mon don pour la transe (un état où ils peuvent se servir de mon corps et de ma voix pour communiquer avec les autres sans que je sois consciente de ce qui se dit), ces deux guides nous ont transmis d'innombrables heures d'enseignement qui m'ont permis de constituer une importante banque de données sur l'AU-DELÀ.

Je ne me suis jamais attribué et ne m'attribuerai jamais le mérite d'avoir acquis ces dons, car c'est Dieu qui en a voulu ainsi. Mes dons ont été testés à plusieurs reprises par des médecins et des scientifiques qui s'en sont toujours retournés ahuris, mais pour dire la vérité, je suis extrêmement critique envers moi-même et je suis la première à reconnaître que je ne suis pas infaillible ; en fait, aucun médium ne l'est. Durant mon enfance, il m'est arrivé de douter de mes dons et de me demander si je ne souffrais pas d'une maladie mentale. Après avoir passé d'innombrables heures à douter de moi-même et à chercher conseil auprès de psychologues et de psychiatres (qui ont toujours reconnu que j'étais normale, bien que possédant des habiletés paranormales hors du commun), je cessai de m'en faire et décidai de vivre ma vie et d'utiliser mes dons pour faire le bien, consacrant ma vie à cette fin, tout en tâchant d'être la plus « normale » possible. Je commence à croire que mon troisième objectif a été atteint, car tous les ans je reçois des milliers de lettres et rencontre des centaines de personnes qui me félicitent pour mon travail et pour être restée proche des gens. Pour moi, il n'y a pas de plus beau compliment.

Après plus de soixante années de carrière en tant que médium, après plus de quarante années de recherche au cours desquelles les anges ont souvent montré le bout du nez, et après vingt années d'étude exhaustive sur les anges, je suis heureuse de vous présenter *Le Livre des anges*. Bien que j'aie abordé ce sujet à quelques occasions par le passé, ce livre comprend les résultats définitifs de mes recherches sur l'apparence, la couleur, les totems et les fonctions des anges, de même que de nouvelles informations au sujet de deux niveaux additionnels (ou phylums) dans la hiérarchie des anges dont l'existence m'était jusqu'à tout récemment inconnue. Je crois sincèrement que ceux qui liront ce livre découvriront qu'il répond à de nombreuses questions et rectifie plusieurs idées fausses sur la nature des anges.

Dans les pages qui suivent, vous découvrirez non seulement ce que sont réellement les anges, mais aussi – grâce à des recherches actuelles et des récits véridiques – comment ils agissent et ce qu'ils peuvent faire pour vous. Ce livre se veut un recueil d'études académiques, mais il comprend également les informations que m'a transmises Francine lors d'une série de six séances de transe se déroulant au rythme d'une séance par semaine. Presque par miracle, après chacune de ces séances, je recevais à mon bureau d'innombrables récits d'anges se rapportant étrangement au phylum dont nous avions discuté la semaine précédente.

Les gens peuvent bien se moquer, mais personne ne me fera croire qu'il n'existe en ce monde aucun réseau spirituel sensible à la vérité. Il semble que si un message est envoyé dans l'atmosphère, et que les anges en service s'en emparent et le transmettent aux esprits humains dont ils ont la charge, plusieurs personnes se sentent obligées de le mettre par écrit. Dans les chapitres suivants, vous aurez la chance de lire plus d'un de ces récits. J'aurais bien aimé inclure ces lettres telles que je les ai reçues, mais cela aurait exigé un livre beaucoup plus gros que celui-ci ! Même si ces lettres ont été révisées et que les noms ont été changés pour protéger l'anonymat de leurs auteurs, je tiens à remercier tous ceux qui ont pris le temps de partager leur histoire avec moi. Vous avez grandement contribué à parfaire mes connaissances sur les anges et facilité l'élaboration de ce livre, et je vous serai à jamais reconnaissante. Les anges ont toujours voulu que leurs messages soient entendus. À présent, avec l'aide de Dieu et la vôtre, ils ont trouvé une voix.

Sur les chemins de la vie, nous espérons tous rencontrer des compagnons en cours de route, mais nous nous languissons en vain, car ils sont déjà avec nous. Au cours de mes années d'études théologiques dans les autres dimensions, j'ai découvert un fait étonnant ; non seulement la croyance en l'existence des anges est-elle parfaitement sensée, mais le sentiment de vérité et de sérénité qu'elle apporte est un signe que cette croyance nous touche profondément, comme si nous avions toujours su qu'ils existaient. Mon amie Taylor qui travaille chez Microsoft m'a déjà dit que lorsque je lui confie quelque chose qui lui semble vrai, elle frissonne. J'appelle cela le « frisson parapsychique de la vérité ». Or, il m'est souvent arrivé de frissonner en rédigeant ce livre. J'ai ressenti la présence des anges plus complètement que jamais, et à plusieurs occasions, j'ai entendu le bruissement d'une aile. Il semble que les anges étaient, à défaut d'un terme plus approprié, impatients que cette information soit publiée. Même si les anges ne vivent pas les mêmes émotions que nous, je crois néanmoins qu'ils se réjouissent de voir que nous comprenons enfin qui ils sont et ce qu'ils peuvent faire pour nous.

Si vous connaissez déjà mes ouvrages, je vous souhaite à nouveau la bienvenue et je vous remercie du fond du cœur pour votre soutien et votre amour durable. Si vous me lisez pour la première fois, que cette somme d'amour enrichisse votre cheminement spirituel et vos connaissances sur les anges. J'espère que vous trouverez autant de plaisir à lire ce livre que j'en ai eu à l'écrire, et j'espère que vous utiliserez les méditations présentées à la fin de chaque chapitre pour amener les anges à déployer leurs ailes bienveillantes. Que tous vos anges se regroupent autour de vous chaque jour pour vous aider dans votre vie, car sachez qu'ils sont toujours là à vos côtés, comme Dieu est toujours présent près de vous.

Dieu vous aime, et moi aussi je vous aime,

— **Sylvia**

I

Pourquoi je crois à l'existence des anges

« Et ma vision se poursuivit. J'entendis la voix d'une multitude d'Anges rassemblés autour du trône, des Vivants et des Vieillards – ils se comptaient par myriades de myriades et par milliers de milliers ! »

— Apocalypse 5 : 11

NON SEULEMENT je n'ai jamais répété l'histoire suivante à quiconque, mais elle n'a été contée qu'à une poignée de gens, incluant ma sœur et moi. Ma grand-mère Ada Coil, un extraordinaire médium bien connu à Kansas City, Missouri, ma ville natale, m'avait raconté tenir cette histoire – et ma mère me le confirma plus tard – d'une femme nommée Katherine et de l'évêque Spencer, un homme très estimé au sein de l'Église épiscopalienne.

Ma grand-mère avait trois enfants : Marcus Coil, son fils aîné ; Celeste Coil, ma mère ; et Paul Coil, le benjamin et l'héritier des pouvoirs médiumniques de ma grand-mère. Paul brûlait d'un formidable amour pour Dieu, entendait des voix et transmettait des messages aux gens. À l'âge de vingt ans, il décrocha un contrat à la station de radio WDAF de Kansas City et devint chanteur. Paul aimait également beaucoup les sports.

Paul était un spécialiste de l'athlétisme et avait gagné médaille après médaille au saut à la perche. Il était mince avec de grands yeux bruns et mesurait plus de deux mètres. Un jour, il découvrit une petite bosse de la taille d'un pois sur sa cuisse. Un médecin l'examina et conclut que ce n'était rien du tout. Toutefois, cette masse se mit à grossir et les médecins commencèrent à y prêter attention. N'oubliez pas que cette histoire se déroule en 1930, à une époque où la science médicale, en dépit de progrès constants, n'était pas aussi avancée qu'elle l'est aujourd'hui. Finalement, à l'âge de vingt et un ans, Paul apprit qu'il avait le cancer.

Les chirurgiens lui amputèrent carrément la jambe, mais en dépit de tous leurs efforts, ils savaient que Paul allait mourir. Katherine, sa fiancée, était inconsolable et ma grand-mère refusait d'en parler (jusqu'à ce que je vienne au monde en 1936, d'après ce qu'on m'a dit.) Peu de temps avant sa mort, Paul fit montre de ses pouvoirs médiumniques en prédisant ce qui allait arriver. Il confia à ma mère qu'elle aurait une fille avec de grands yeux bruns qui posséderait, elle aussi, le « don ». Il voulait que ma mère lui donne le nom de Sylvia, en souvenir du titre de l'une de ses chansons préférées.

Lorsque tout le monde se regroupa autour de lui – l'évêque Spencer, Katherine, ma mère et ma grand-mère – Paul luttait pour prendre ses dernières respirations. Ma grand-mère serrait sa main dans la sienne lorsqu'elle remarqua qu'il regardait quelque chose derrière elle avec une expression de béatitude indescriptible. Puis soudain la chambre fut inondée de lumière. Même l'évêque Spencer tomba à genoux. Ma grand-mère se rappelait que la chambre était alors remplie d'une joie et d'un calme sans pareil, et que Paul lui avait dit : « Mère, il y a là un ange et il est venu pour moi. »

Ma grand-mère me confia qu'elle s'était alors sentie foudroyée, non pas par la douleur, mais par une force et un amour extraordinaires. Paul, qui n'arrivait plus à bouger, se redressa soudain de lui-même et essaya de se lever. Mais au même moment, une infirmière fit irruption dans la chambre, Paul retomba sur le lit, la lumière disparut, et la chambre redevint lugubre et froide.

Juste avant de mourir, Paul leva les yeux vers ma grand-mère et lui dit qu'il savait que papa se trouvait dans le même hôpital, deux étages plus bas, à cause d'un empoisonnement du sang. Personne n'avait parlé de mon grand-père à Paul, de peur de le troubler. Mais Paul regarda à nouveau ma grand-mère et lui dit : « L'ange m'a dit que papa n'en avait plus pour longtemps, mais ne t'en fais pas maman, je m'occuperai de lui », puis il mourut. Grand-papa Marcus mourut à son tour deux semaines plus tard, comme Paul l'avait prédit.

Comme me l'expliqua plus tard ma grand-mère, même si elle venait de perdre un fils et un mari, et malgré cette immense douleur qui l'habitait, ce fut pour elle une véritable bénédiction d'avoir reçu la visite d'un ange.

Toutes les religions parlent des anges

Même si j'ai toujours cru à l'existence des anges, j'avais plutôt tendance à appeler mes guides spirituels lorsque j'avais besoin d'aide ou d'un conseil, mais les choses ont changé, il y a environ une vingtaine d'années, lorsque j'ai commencé à examiner de plus près ces histoires et à mener mes propres recherches. C'est à cette époque que mon engouement pour les anges a débuté. En étudiant ce que les différentes religions avaient à en dire, j'ai découvert que derrière ce fatras de dogmes venant de tous les coins du monde spirituel, les anges ont toujours occupé une place bien en vue.

Il n'y a pas, à ma connaissance, une seule religion (du moins aucune religion majeure) qui ne fasse quelque allusion à ces êtres célestes. En fait, il semble que leur existence résiste à tout examen approfondi, unissant toutes les religions en une croyance universelle. La mythologie grecque, égyptienne et romaine contient tout un assortiment de créatures ailées, y compris des dieux comme Zeus, Jupiter, Horus et Mercure. Les groupes païens et les adeptes de la Wicca croient en l'existence des anges et les utilisent comme messagers pour remplir certaines fonctions. Même parmi les agnostiques et les athées les plus radicaux, on retrouve des individus qui croient aux anges, un fait qui devrait même attirer l'attention des gens ayant un esprit rationnel. Il se passe de toute évidence quelque chose au niveau superconscient ou subconscient, quelque chose nous dit au fond de nous-mêmes que les anges existent.

Les écrits religieux sont remplis d'allusions aux anges. La Bible à elle seule contient plus de six cents références de ce genre. La version Douay, une traduction anglaise de la Bible à partir de la *vulgate* latine, indique que le nombre d'anges doit être très élevé (Les Rois 22 : 19, Matthieu 26 : 53, Hébreux 12 : 22), que leur force est grande (Psaume 103 : 20, Apocalypse 8 : 1-13), et que leur apparence varie selon les circonstances, bien qu'elle soit toujours éclatante et éblouissante (Matthieu 28 : 2-7, Apocalypse 10 : 1-2).

À Marc 13 : 27, il est écrit : « Et alors Il enverra les anges pour rassembler ses élus, des quatre vents, de l'extrémité de la terre à l'extrémité du ciel », montrant par là que Dieu peut convoquer les anges à sa guise afin qu'ils protègent Ses enfants adorés.

L'Encyclopédie catholique mentionne que le mot *ange* est dérivé du latin *angelus* et du grec *angelos*, deux mots signifiant « messager » ou « envoyé ».

Dans le livre *Ask the Rabbi*, écrit par Louis Jacob, chercheur à l'Institut Ohr Somayach de Jérusalem, le rabbi écrit : « Le mot hébreu pour ange est *malach* : le messager. Selon les sources traditionnelles juives, les anges sont les forces qui remplissent la volonté de Dieu. »

Pour les Hindous, il est écrit dans le Bhagavad Gita (11,5) que le Seigneur Bienheureux s'adressa à Arjuna (l'homme et le Dieu parlent ensemble). Le Seigneur Bienheureux dit : « Oh, Arjuna, vois ici mes centaines, et milliers de formes divines, infiniment diverses et de toutes les couleurs. »

Dans les *Sélections des écrits du Báb*, le grand messager de Dieu Baha'i écrit : « Ô Seigneur ! Viens en aide à ceux qui ont renoncé à tout sauf à Toi, et accorde-leur une grande victoire. Ô Seigneur, accorde-leur le concours des anges du ciel et de la terre, et de tous ceux qui se trouvent entre les deux. »

Plusieurs historiens ayant écrit sur la vie de Bouddha rapportent que celui-ci, lors de son premier sermon, prêcha devant plusieurs Devas et Brahmas (anges et dieux).

Les musulmans se représentent les anges comme des êtres invisibles de nature lumineuse et de substance spirituelle jouant le rôle d'intermédiaires entre Dieu et le monde visible. La croyance en leur existence est une partie intégrante de la définition de la foi islamique : « Le Messager a cru en ce qu'on a fait descendre vers lui venant de son Seigneur, comme le font les hommes de foi qui tous ont cru en Allah, en Ses anges, à Ses livres et en Ses messagers » (Le Saint Coran 2 : 285).

En plus des êtres suprêmes, la religion zoroastrienne décrit plusieurs classes d'êtres spirituels aussi connus sous le nom d'*arda fravash* (saints anges gardiens). Chaque personne est accompagnée d'un ange gardien qui lui servira de guide au cours de sa vie.

John Neihardt, auteur de *Black Elk Speaks*, nous dit que même la tradition amérindienne parle des anges. Black Elk, un saint homme de la nation Oglala Sioux, a dit : « Je levai les yeux vers les nuages et vis deux hommes venir à ma rencontre. Ils descendaient la tête la première comme des flèches, en chantant des chants sacrés, et le tonnerre imitait le rythme des tambours. "Voici une voix sacrée qui t'appelle, dans tout le ciel une voix sacrée t'appelle." »

Comme vous l'apprendrez dans un chapitre subséquent, ce récit est similaire à ce que Francine nous dit des Chérubins et des Séraphins : Leur voix ne fait pas que remplir le ciel, elle remplit également notre cœur et notre âme.

Les anges et les arts

Lorsque j'ai débuté mes recherches sur les anges, même un médium n'aurait pu prévoir que je me retrouverais embourbée dans une telle quantité de littérature. Je serais incapable de mentionner le nom de tous les auteurs, artistes et poètes qui ne font pas de mystère autour de leur croyance en la puissance et la gloire des anges. Et il ne s'agit pas seulement d'écrits religieux ; leurs images apparaissent dans la littérature, la musique, la peinture et les mosaïques.

La plupart d'entre nous ont déjà vu cette image célèbre d'un ange gardien en train d'aider un petit enfant à traverser ce qui semble être un pont vacillant ; je sais que les écoliers catholiques ont souvent eu l'occasion de voir cette image. Et des millions de personnes de partout à travers le monde vont en Italie pour admirer les anges de Michel-Ange qui ornent le plafond de la chapelle Sixtine.

Les anges sont présents dans de nombreux ouvrages de poésie et de prose, d'Edgar Allan Poe à l'un de mes auteurs préférés, Henry Wadsworth Longfellow. Longfellow a écrit : « Comme si de ses ailes invisibles, l'ange avait touché ses cordes frémissantes, et murmuré dans sa chanson : "Où es-tu demeuré tout ce temps ?" »

Dans « *Hymn to the Beautiful* », Richard Henry Stoddard a écrit : « Près de nos oreillers s'élèvent des échelles d'or, et dans le ciel, de haut en bas, des anges chaussés de sandales ailées vont et viennent, les Messagers de Dieu. »

Dans « *A Cradle Hymn* », Isaak Watts a écrit : « Silence, ma chère, reste immobile et endors-toi. De saints anges montent la garde près de ton lit ! Des bénédictions divines sans nombre descendent doucement sur ta tête. »

Dans ses œuvres littéraires, Ralph Waldo Emerson nous dit : «C'est donc lors de rudes crises, avec une endurance inépuisable et dans un but qui écarte toute sympathie, que l'ange apparaît. »

Mary Baker Eddy, la fondatrice du mouvement Science chrétienne, décrit les anges de cette façon : « Ce sont des visiteurs célestes, volant grâce à des ailes spirituelles, plutôt que matérielles. Les anges sont les pures pensées de Dieu, portés par la Vérité et l'Amour, peu importe ce qu'ils sont individuellement. »

Partir à la découverte des anges peut s'avérer toute une aventure. Quelles que soient les sources que nous examinions – bibliques, littéraires ou artistiques – nous devons reconnaître que les anges sont bien vivants dans notre passé et notre présent. Qu'ils soient représentés avec des ailes, une auréole ou une harpe, on accorde aux anges le pouvoir de guérir, de consoler et de protéger. Ils ont survécu aux annales du temps pour nous transmettre une vérité profonde : ils sont réels et bons, et viennent d'un Dieu qui prendra toujours soin de nous.

Les anges de l'âge moderne

Les anges ne sont pas relégués aux classiques et aux livres d'enseignement religieux. De nos jours, on les aperçoit également à la télévision et au cinéma. Bien sûr, ils ont toujours eu leur place dans les « classiques du temps des fêtes » comme *La vie est belle* et *La femme du pasteur*, mais on les voyait rarement à la télévision aux heures de grande écoute. Finalement, certains scénaristes tentèrent une percée dans le monde du surnaturel avec la série *Ma sorcière bien-aimée*. Les anges montraient à l'occasion le bout de leur nez dans des séries comme *La petite maison dans la prairie*. Plus tard, ils occupèrent le haut du pavé avec *Les routes du paradis*, une émission populaire qui a toujours obtenu de bonnes cotes d'écoute depuis sa première diffusion. Le film *Michael*, mettant en vedette John Travolta, dépeignait les anges de manière quelque peu grossière, mais marquait néanmoins le début de leur empreinte sur l'esprit humain. L'art imite la vie, comme on dit, mais l'art reflète également la vérité.

Au cours des dix dernières années, les anges ont pénétré au plus profond de la conscience de l'humanité. En fait, il est souvent question d'eux dans une grande variété de livres, et ils sont représentés de diverses manières dans les boutiques de cadeaux et souvenirs. Alors qu'à une certaine époque les anges étaient relégués aux lieux de culte, nous voyons aujourd'hui des chérubins portant des couronnes de laurier sur le manteau de nos cheminées (comme c'est le cas chez moi) et sur des épinglettes, et même tatoués sur des bras, des jambes et (hum...) sur des parties génitales. Pourquoi ? Mon hypothèse est fort simple. Comme je l'ai souvent mentionné lors de mes conférences, l'humanité a connu tellement d'échecs qu'elle s'est tournée vers une croyance spirituelle supérieure, vers quelque chose de plus aimable. Et qu'y a-t-il de plus aimable qu'un ange ?

Les contradicteurs de tout acabit soutiendront qu'il s'agit d'un autre fantasme métaphysique inventé de toutes pièces pour soulager nos esprits et nous donner un faux sentiment de sécurité. Si c'était vrai, alors pourquoi sont-ils présents dans toutes les religions, dans les arts et dans la littérature, en plus d'occuper une place de choix dans nos médias ? Comment toutes ces personnes, séparées les unes des autres par la géographie, le temps et leur culture, ont-elles appris l'existence de ces fabuleux envoyés de Dieu ?

Je crois que cette soudaine résurgence des anges est aussi une réfutation directe du feu de l'enfer et des démons dont nous accablent tant de religions. De mon point de vue, les anges ont pris de l'importance parce que nous avons besoin de croire en un Dieu d'amour, en tout point parfait, qui prend soin de Ses créatures. Les anges nous accompagnent à chaque instant de notre vie. Ces êtres d'une grande beauté et nimbés de lumière, qui déploient leurs ailes pour nous protéger, nous procurent non seulement le sentiment et la certitude que nous ne sommes pas seuls, mais ils nous libèrent aussi, d'une certaine manière, de nos tracas. J'ai suspendu au-dessus de ma cheminée une magnifique peinture de Campanelli représentant un ange et un colibri. Chaque fois que je la regarde, elle me procure sérénité et réconfort. Je sais que les anges ne peuvent nous protéger de tous les dangers ou nous empêcher d'apprendre certaines leçons, mais ils sont certainement capables de créer ce que nous savons être au fond de nous-mêmes de véritables miracles, et qui sont pour nous le signe que Dieu nous écoute, veille sur nous et prend soin de nous.

Ne vous y trompez pas : les anges sont des êtres réels, créés et envoyés par Dieu pour venir en aide à l'humanité et servir d'intermédiaires entre nous et l'AU-DELÀ. Les anges sont les véritables messagers de Dieu. J'aime bien l'image d'un ange ou de plusieurs anges allant vers Dieu ou se rendant au Palais des Archives où est conservé notre plan de vie (plan que nous avons rédigé avant de venir au monde), puis nous rapportant les réponses à nos questions les plus troublantes. Peu importe à quel point nous nous sentons seuls et abattus, nous ne sommes en réalité jamais seuls. Les anges sont toujours présents et ils le seront éternellement. Contrairement à certains êtres humains, ils ne nous décevront jamais, ne seront jamais de mauvaise humeur et nous ne les dégoûterons jamais. Ils sont directement issus de Dieu, toujours prêts à nous accepter et à nous offrir leur amour inconditionnel.

De nouvelles informations au sujet des anges

Il y a dix sept ans, je fondais une nouvelle Église chrétienne d'obédience gnostique appelée *The Society of Novus Spiritus* (Nouvel Esprit). Que vous nous appeliez Esséniens, Templiers ou Cathares, nous pratiquons la plus ancienne des religions, celle pratiquée par le Christ. Nous cherchons, nous examinons et nous explorons jusqu'à ce que nous trouvions la vérité, et c'est pourquoi nous disons avec le Christ : « Cherchez et vous trouverez. Frappez et l'on vous ouvrira. » Ce qu'il y a de fantastique avec notre religion gnostique, c'est qu'elle est demeurée pure et qu'elle s'enrichit constamment de nouvelles connais-sances. Notre processus théologique gnostique est le même que celui utilisé dans l'AU-DELÀ pour acquérir des connaissances : Nous accumulons progressivement de l'information, trouvant les réponses à des questions longtemps considérées comme étant des mystères.

En tant que chrétienne gnostique, j'ai dû mener mes propres recherches, mais mon guide spirituel, Francine, m'a toujours fourni les détails plus spécifiques. Pendant près de quarante ans, elle m'a transmis des données et des prophéties bien en avant de notre temps. Récemment, Francine a tenu pendant six semaines une série de séances de transe hebdomadaires portant sur les anges. En lisant ce livre, vous découvrirez à quel point elle a mené ses recherches avec minutie de « son côté » – dans l'AU-DELÀ – et comment elle a partagé ses connaissances avec nous. Durant ces séances, Francine a abordé chaque phylum angélique (nous savons aujourd'hui qu'ils sont au nombre de dix, et non huit comme je le croyais à l'époque où j'écrivais *La vie dans l'AU-DELÀ*), elle a décrit leur apparence, et nous a fait savoir à qui nous devions nous adresser, et quels étaient les devoirs qu'ils devaient remplir.

Au départ, ces séances de transe ne s'adressaient qu'aux pasteurs de l'Église *Novus Spiritus*, qui m'ont raconté que chaque fois que Francine leur transmettait ses connaissances sur les anges, ils sentaient quelque chose de différent dans la pièce, comme s'ils étaient assis en compagnie d'invités venant du paradis. Plus tard, nous avons décidé d'un commun accord que le moment était bien choisi pour publier ces merveilleuses informations. Peu importe ce que vous pensez présentement des anges, je vous encourage à garder l'esprit ouvert durant la lecture de cet ouvrage. Remarquez si vous ressentez le frisson parapsychique dont j'ai parlé plutôt, et voyez quelles sont les informations qui touchent une corde sensible en vous. Comme toujours, mon slogan est le suivant : *Prenez ce que vous voulez, et laissez le reste.*

Quelques faits et données

Au cours de nos premières séances de transe, Francine nous a appris qu'il existait des billions d'anges. Elle n'a jamais essayé de les compter un par un, ni tenté d'en vérifier le nombre dans le Palais des Archives, le magnifique édifice de l'AU-DELÀ où sont entreposés tous les travaux historiques jamais écrits et le plan de vie détaillé de toutes les personnes qui ont jamais vécu sur terre. Cependant, elle se rappelait avoir vu un jour ce que nous pourrions appeler un listage où on faisait état qu'un billion d'anges peuplaient notre planète. Lorsque vous ajoutez à cette somme le nombre inconcevable d'anges vivant sur d'autres planètes, vous obtenez un total qui dépasse de loin la population humaine. À tout moment, n'importe quel être humain peut appeler à la rescousse des dizaines de milliers d'anges, sans que cela n'affecte en rien le nombre d'anges disponibles. Voilà qui est considérable compte tenu du fait que nous sommes actuellement plus de six milliards d'êtres humains sur terre.

Les anges peuvent interagir avec nous sur le plan physique et spirituel en déployant une force et une puissance extraordinaires. Leur force physique est légendaire, sans compter qu'ils peuvent changer d'apparence à volonté. Leur principal objectif est de nous aider à atteindre les buts que nous nous sommes fixés dans notre plan de vie, mais aussi de remplir la tâche que Dieu leur a assignée, comme protecteurs, messagers, guérisseurs, et ainsi de suite.

La lettre de C. illustre bien le genre de questions que l'on me pose le plus souvent. Elle écrit :

« Est-ce qu'il arrive que les anges prennent forme humaine simplement pour le plaisir, c'est-à-dire, sans que leur présence soit nécessaire ou sans que nous ayons besoin de leur aide ? Car je crois en avoir croisé un l'autre jour au supermarché. Alors qu'une femme noire d'un certain âge adressait un sourire à mon bébé, j'ai ressenti quelque chose d'indescriptible, comme si j'étais remplie de lumière, mais lorsque je me suis retournée pour la regarder, et bien qu'elle marchât lentement dans l'allée, elle avait disparu. »

Bien sûr, les anges prennent parfois forme humaine pour le plaisir, et la lettre de C. est là pour en témoigner. Il m'arrive de penser qu'ils le font pour que nous les acceptions plus facilement, car s'ils adoptaient leur véritable apparence, cela pourrait en troubler plus d'un.

On me demande souvent si les anges ont des noms. En effet, certaines religions leur ont donné des noms comme Michel, Raphaël et Ariel, mais les anges ne portent pas, comme nos guides spirituels, de noms individuels. Je suis sûre qu'ils ne se soucient pas du nom que nous leur donnons… en autant que nous les appelions. Souvent, pour nous mettre à l'aise, ils nous permettent de les appeler du nom de notre choix. Francine, par exemple, a tendance à tous les appeler Michel. Selon elle, c'est plus simple, bien qu'il soit avantageux de faire appel à un groupe ou à un phylum en particulier lorsque nous avons un besoin spécifique (nous examinerons tout cela en détail dans les chapitres suivants).

Le fait de croire que nous pouvons faire appel aux anges contribue à lever le voile qui nous sépare d'eux et à les rendre plus accessibles. Francine dit toujours que la foi, comme le disait notre Seigneur, peut déplacer les montagnes, mais la foi est aussi comme une main tendue qui invite les anges à venir plus près de nous. Si nous n'y croyons pas, est-ce que les anges demeurent présents ? Bien sûr que si, mais le fait d'accepter leur présence semble faciliter leur intervention.

Les anges sont envoyés par le Conseil, un corps gouvernemental formé d'entités de l'AU-DELÀ. Ces professeurs émérites sont très avancés sur le plan des connaissances et de la spiritualité. Ils nous aident à passer en revue notre plan de vie et, au besoin, nous envoient des anges pour nous aider à surmonter les moments particulièrement difficiles. Comme vous le verrez, rien dans la vie n'est le fruit du hasard. Notre plan de vie a été élaboré non seulement par nous, mais aussi par un groupe d'esprits hautement évolués, par nos guides, nos êtres chers, et nos anges, qui rempliront les blancs et veilleront à ce que tout se passe comme prévu. Pour moi, les anges sont un peu comme une colle qui retient tous les morceaux de notre vie ensemble.

Les guides spirituels et certains phylums angéliques sont connus pour intervenir auprès du Conseil en notre nom au sujet de certains aspects de notre plan de vie. Francine, par exemple, ne peut modifier mon plan de vie, mais elle peut consulter le Conseil sur la façon de m'aider. N'allez pas croire que je ne présente jamais de demande au Conseil pour qu'on m'aide à comprendre une situation confuse ou difficile. Est-ce que cela m'aide ? Oui, tout cela m'aide beaucoup, car plus nous acquérons de connaissances, mieux nous comprenons les événements que nous vivons.

On me demande souvent comment les anges ont été créés. Francine m'a expliqué que depuis le commencement, nous existons tous dans l'esprit de Dieu. En fait, selon elle le mot « commencement » n'est pas vraiment approprié, car il n'y a jamais vraiment eu de commencement. Étant donné que la plupart des gens ont de la difficulté à comprendre que nous avons tous été créés en même temps, Francine m'a décrit cet événement de cette façon :

« Il n'est pas faux de dire que si nous existions tous dans l'esprit de Dieu en tant qu'individus, les étincelles du Feu Divin firent néanmoins l'objet de différentes définitions. Donc, pour le bien des esprits finis (et je ne dis pas cela pour discréditer l'esprit de quiconque), les anges furent créés en premier. Si vous tenez à dire que nous avons tous été créés en même temps, ce n'est pas faux, mais disons que les premières étincelles à jaillir du Feu Divin étaient les anges. C'est ainsi qu'est né l'amour. Et c'est ainsi que débuta cette merveilleuse histoire d'amour avec Dieu. »

Lorsque Dieu a créé les anges, Il a voulu mettre au monde les plus purs d'entre les purs. Il ne l'a pas fait pour jeter le discrédit sur les êtres humains comme nous, mais les anges ont été créés dans ce but. Certains d'entre eux ont des carrières, des emplois et des définitions de tâche différents, mais ils sont tous issus de Son pur amour. Contrairement aux êtres humains et aux guides spirituels qui possèdent leur propre individualité, leur propre caractère, leurs propres préférences et aversions, les anges ne sont qu'amour, protection, connaissance et pardon. Les anges sont parfaits. Leur seul objectif est de nous aider, de nous protéger et de nous aimer. Ils constituent probablement la plus proche création de Dieu que nous pouvons comprendre.

Vous vous demandez peut-être si les anges ont des pensées. En effet, les anges sont des êtres intelligents capables de ressentir des émotions, mais de la forme la plus pure. En d'autres mots, les anges ne sont pas humanisés. Ils ne se fâchent jamais, ils ne se sentent jamais abattus, ils ne sont jamais de mauvaise humeur et ils ignorent ce qu'est la vengeance. Puisqu'ils n'ont jamais vécu sur terre, ils n'ont ni mémoire cellulaire, ni « bagage émotionnel », et n'ont aucune leçon à apprendre. Les guides spirituels, de leur côté, même s'ils vivent dans l'AU-DELÀ au sein d'un environnement rempli d'amour et d'énergie positive – un endroit que nous appelons généralement le paradis – doivent s'humaniser au point d'être capables de s'émouvoir facilement. Dans le cas contraire, ils ne pourraient remplir efficacement leur rôle de guide : ils ont un pied dans la félicité et l'autre, dans la dimension des émotions humaines. Si les choses n'étaient pas ainsi, ils seraient incapables de répondre à nos questions ou de comprendre nos émotions. Comme me le dit souvent Francine, ils se contenteraient de répondre : « Qu'est-ce que cela peut bien faire ? Vous nous rejoindrez bientôt dans l'AU-DELÀ. »

À quoi ressemblent les anges ?

Comme Francine, Raheim est mon guide spirituel depuis que je suis au monde, mais compte tenu de son rôle de guide secondaire, je n'ai pris conscience de son existence qu'il y a environ une trentaine d'années. Je ne l'entends pas comme j'entends Francine. S'il a quelque chose à me dire, il demande à Francine de me le dire. Sa voix se fait entendre uniquement lorsqu'il se manifeste à travers moi durant nos séances de transe pour me transmettre une information sur un sujet en particulier.

Lors de sa dernière incarnation sur terre, Raheim était un homme d'origine Sikh, et apparemment un professeur de grand renom au sein de sa communauté. Bien sûr, il est aujourd'hui gnostique, mais regardons les choses en face... dans l'AU-DELÀ, toutes les religions se mélangent pour n'en former qu'une, car nos connaissances sont beaucoup plus étendues là-bas. Sur terre, la religion est une affaire de préférence personnelle, peu importe la voie que vous décidez d'emprunter. Si vous avez le sentiment d'avoir fait le bon choix, cela veut dire que vous êtes sur la bonne voie.

Raheim nous dit que les anges représentent toutes les races de la création. Il y a des anges à la peau brune, noire, rouge, jaune et blanche. Leurs yeux, leur nez, leurs lèvres et leur visage ont souvent des caractéristiques raciales particulières, bien qu'il n'y ait dans l'AU-DELÀ ni racisme, ni barrière entre les races. Quelle que soit leur race, les anges se porteront au secours des êtres humains, peu importe la couleur de leur peau ou leur origine ethnique. Les anges n'ont pas tous le même visage, et en cela, ils sont comme nous, mais tous les anges d'un même phylum ont la même taille.

Les anges sont des êtres androgynes d'une grande beauté, grands et émettant de la lumière. Il faut parfois observer leurs ailes pour identifier à quel phylum ils appartiennent, car soit leurs ailes possèdent une teinte particulière, soit leurs extrémités émettent une lumière à nulle autre pareille (nous reviendrons sur la question des couleurs lorsque nous explorerons chacun des phylums). Cette couleur est également reproduite dans le pourtour de leur aura, qui est toujours éclatante et que la plupart des artistes représentent comme un nimbe.

Jennifer, une résidente de l'Indiana, m'écrit :

« Je fais parfois des rêves extrêmement vivants où je ressens la présence de ce que je crois être des anges. Dans ces rêves, les anges sont habituellement de couleur noire (leur peau est de couleur foncée), et dans mes deux derniers rêves (et en particulier dans celui que j'ai fait juste après le décès de mon jeune frère), trois femmes de race noire vêtues de pourpre me réconfortaient. Les membres de ma famille ne sont pas de race noire, mais ma sœur aînée m'a confié qu'elle avait déjà vu des anges noirs, et ma mère m'a dit qu'ils étaient généralement très grands. Je ne me rappelle pas si mes anges avaient des ailes, mais dans l'un de mes rêves, l'un d'eux a pris ma main (ce qui m'a beaucoup réconfortée) et m'a dit (par télépathie) qu'il s'appelait William. Cela correspond-il à la description d'un ange ? »

La lettre de Jennifer est non seulement un adorable récit, mais elle nous confirme également la description de Raheim qui nous a dépeint les anges comme étant des êtres d'une grande beauté ne connaissant aucune barrière raciale. Comme nous, ils sont de toutes les races, de toutes les tailles et de toutes les formes.

Raheim nous a également appris que les anges sont essentiellement de nature androgyne, puisqu'ils n'ont pas besoin d'organes reproducteurs. Sur le même sujet, Francine nous apprend que dans l'AU-DELÀ, chaque esprit possède des caractéristiques physiques et une identité sexuelle, de même qu'une habileté à la « fusion », qui permet à un corps et/ou à un esprit de s'unir à une autre entité. Il entre une part de sexualité dans le processus de fusion, qui ressemble beaucoup à un orgasme de l'esprit et/ou du corps. Les anges ne possèdent pas cependant cette habileté. Bien que certains d'entre eux soient d'apparence féminine et certains autres, d'allure plus masculine, ils sont dépourvus d'organes génitaux. Ce sont des êtres parfaitement androgynes. Ils n'ont pas d'âme sœur, ils n'ont pas de demeure et ils ne peuvent pas perpétuer leur propre réalité comme le peuvent d'autres entités dans l'AU-DELÀ.

Ces magnifiques ailes !

Nous sommes nombreux à penser que nous connaissons quelque chose parfaitement... jusqu'à ce que la réalité nous rattrape et nous fournisse de nouvelles informations. Les récits suivants démontrent que je ne fais pas exception à cette règle.

À cette époque, j'avais vingt-deux ans et venais tout juste d'épouser mon premier mari. J'étais assise dans ma voiture devant l'édifice où j'enseignais. Il pleuvait des cordes et j'avais appuyé ma tête contre le volant, pensant que je n'avais pas envie de rentrer à la maison. Je me sentais seule. Tout à coup, quelqu'un frappa sur la vitre de la voiture ; je levai les yeux et vis un bel homme debout près de moi. Il avait d'extraordinaires yeux bleus, des cheveux gris acier et une barbe. Je baissai la vitre (quelque chose que je n'oserais jamais faire aujourd'hui), et cet homme me dit : « Je sais que tu te sens seule, mais tu n'es pas encore assez parfaite pour qu'on te laisse seule. » Je le regardai fixement, tâchant de comprendre ce qu'il avait voulu dire. Puis, je détournai la tête un instant, et il disparut. Cette expérience m'avait troublée, car je me rendais compte que je n'avais pas entendu distinctement ses paroles (celles-ci avaient plutôt résonné dans ma tête).

Je fis démarrer la voiture, et comme je m'apprêtais à rentrer à la maison, Francine me dit : « Eh bien, Sylvia, tu viens tout juste de voir un ange. »

Sur le coup, je répondis : « Un ange ! Sans ailes, sans couleur ?

— En effet, ils prennent forme humaine lorsqu'ils ont un message à transmettre », me répondit-elle.

À partir de ce jour, comme certains personnes peuvent en témoigner, si elles ont assisté à mes premières conférences ou lu mes premiers livres, j'ai cru fermement que les anges n'avaient pas d'ailes. Mais tout cela a changé en un instant il y a quatre ans, alors que je passais la nuit chez mon fils, Chris.

Je m'étais levée au milieu de la nuit pour aller me chercher un verre d'eau dans la salle de bain à l'autre bout d'un long vestibule surplombé d'une voûte. À ma grande surprise, je vis dans l'entrée un énorme – je devrais dire gigantesque – personnage, comme je n'en avais jamais vu. Non seulement il était d'une taille phénoménale, mais il possédait également des ailes magnifiques aux couleurs somptueuses, délicatement repliées. Tandis que j'observais cette merveilleuse création, l'ange demeura parfaitement immobile pendant au moins deux minutes comme s'il gardait l'entrée de la maison. Il (et je dis « il » même si je sais que les anges sont androgynes) avait des traits plutôt masculins. Son visage resplendissait comme un tube luminescent.

Je souris, ne sachant pas vraiment quoi faire d'autre. Dans la mesure où il est possible de traduire en mots une telle expérience, l'ange m'adressa un doux sourire rempli d'amour, puis il disparut, ou du moins il devint invisible pour moi, car je pouvais encore sentir la puissance de sa présence autour de moi. Cela pourrait surprendre certains d'entre vous, mais je ne suis pas très visuelle. En dépit de mes habiletés, je suis fermement ancrée dans le réel. Est-ce qu'il m'arrive de voir des fantômes ? Bien sûr, mais ce n'était pas un fantôme. Il s'agissait véritablement d'un être en trois dimensions, vivant, de couleur unie… et pourvu d'ailes ! J'ai depuis, appris que ces ailes sont non seulement réelles, mais qu'à un autre niveau elles symbolisent notre liberté. Quelle joie de savoir que ces magnifiques entités peuvent nous rejoindre en un clin d'œil et qu'elles sont, comme je le crois, continuellement présentes, toujours prêtes à déployer leurs ailes protectrices autour de nous.

Communication avec les anges

Les récits précédents confirment un autre fait intéressant au sujet des anges : ils s'expriment rarement de vive voix. Selon Francine, les anges peuvent communiquer de diverses manières, mais ils optent presque toujours pour la télépathie. À l'occasion, comme vous le verrez dans les chapitres suivants, certaines personnes affirmeront avoir entendu un ange leur parler, comme je l'ai moi-même cru lors de ma première rencontre près de ma voiture. Toutefois, avec un peu de recul, je comprends qu'il s'agissait d'une communication télépathique qui semblait si réelle que, sur le moment, j'ai cru qu'il s'adressait à moi de vive voix. Les anges vont rarement utiliser leur voix. En fait, si vous croyez avoir entendu la voix d'un ange, il s'agissait probablement de votre guide spirituel qui vous parlait pendant que l'ange était présent.

L'histoire d'Anne illustre bien ce phénomène. Elle écrit :

« Cet événement s'est produit lorsque j'avais trente ans. Je rentrais chez moi après avoir fait des recherches généalogiques dans le cimetière d'une ville voisine. Je m'arrêtai à une intersection et regardai comme d'habitude à gauche, à droite, puis de nouveau à gauche avant de m'engager sur l'autoroute. Je n'avais rien vu, ni rien entendu, mais alors que j'allais démarrer, quelqu'un cria : « Arrête ! » Prise par surprise et quelque peu effrayée, j'appuyai sur les freins juste à temps pour voir passer devant moi, venant de la gauche, un énorme camion chargé à plein roulant à vive allure. Il ne faisait pas de doute que ce camion dépassait les limites de vitesse ; m'étais-je engagée dans cette intersection, il m'aurait frappée sur le côté, et je serais certainement morte.

« Je demeurai à l'intersection, le cœur battant, les mains moites. Je regardai autour de moi, mais il n'y avait personne. Pas un seul passant, personne. Cet incident est survenu un dimanche après-midi, un jour où il n'y avait personne en ville, à part moi et ce camion. Toujours chancelante, je me tournai vers le siège arrière. Rien. Je regardai à nouveau autour de moi. Rien. Puis, j'entendis une voix très douce qui me dit : "Tu es protégée." Prise de panique, je regardai derrière moi, mais... il n'y avait personne. Je rentrai chez moi, et n'en parlai jamais à personne, jusqu'à aujourd'hui. »

L'histoire d'Anne nous fournit une extraordinaire description d'anges et de guides spirituels travaillant en tandem. Les anges sont souvent les premiers à pressentir le danger ; ils avertissent nos guides qui utilisent à leur tour leur voix pour nous prévenir. J'ai questionné des centaines de personnes déclarant avoir vu un ange, et souvent elles se rappellent avoir d'abord entendu la voix de celui-ci. Toutefois, lorsqu'on leur pose des questions plus détaillées, presque toutes les personnes qui ont fait ce genre d'expérience conviennent que cette communication était claire dans leur esprit, et non dans leurs oreilles.

Je ne dis pas cela pour changer de sujet, mais je tiens à mentionner en passant qu'il se produit sensiblement la même chose lorsque nous rencontrons des êtres chers décédés : même si aucune parole n'est entendue, leur message est toujours distinct. Pourquoi ? Il me semble raisonnable de croire que les pensées sont moins susceptibles d'être déformées que les paroles. Combien de fois avez-vous ressenti la frustration de chercher vos mots et souhaité que votre interlocuteur soit capable de ressentir ou de lire ce qu'il y avait dans votre esprit ? Les esprits et les anges en sont capables. Les anges se rendent immédiatement compte si nous sommes dans le besoin. Leur fréquence vibratoire et leur nature protectrice, aimante et apaisante, leur permettent de comprendre nos problèmes et nos besoins sans qu'il soit nécessaire d'échanger une parole.

Selon Raheim, les dons télépathiques des anges sont très développés et très convaincants. Il nous a également appris que les guides spirituels vont souvent recruter un ou deux anges pour relayer une pensée jusqu'à nous, car leur pouvoir télépathique, combiné à celui du guide spirituel, facilite grandement la transmission de leur message.

Francine dit que chaque fois qu'elle parle à des anges, un fil d'argent va et vient entre eux. Ce fil ressemble à un fil d'araignée, mais ce n'en est pas un. En fait, il est épais et solide, et finit par former une espèce de toile semblant contenir des pierres précieuses. Lorsque nous communiquons avec des anges, notre cordon d'argent entre en contact avec les leurs. Habituellement, ils se connectent directement sur nos chakras, des points de notre corps qui correspondent dans la philosophie yogique à nos centres d'énergie physique et spirituelle. Je comprends que cela puisse sembler douloureux, mais il n'en est rien. Il s'agit simplement d'un contact énergétique miraculeux et sans douleur.

Certaines personnes ont même recueilli de l'ectoplasme après être entrées en contact avec un ange, comme cela m'est un jour arrivé tandis que j'enquêtais sur une maison hantée par un esprit particulièrement grognon appelé Judge. Comme il était très désagréable, un ange s'est placé devant moi pour protéger le chakra de mon cœur. L'ange s'est collé contre moi et m'a recouverte d'ectoplasme par inadvertance. Il s'agissait d'une substance argentée et vaporeuse, selon Michael, mon assistant, et les autres personnes qui furent témoins de l'apparition.

Au moment d'aller au lit, si j'ai du mal à résoudre un problème, je demande d'abord l'aide de Dieu, puis celle de la conscience du Christ, de l'Esprit saint, de Francine et des anges. Souvent lorsque je me réveille, j'ai reçu la réponse, et mon guide spirituel me dit souvent que cette réponse vient des anges, qui me l'ont transmise soit par télépathie, soit en me l'insufflant (en l'imprimant dans mon esprit). Même si la voix de votre guide spirituel est souvent plus distincte que celle des anges, ne sous-estimez jamais le pouvoir et la vérité de ce que les anges peuvent transmettre.

Un amour pur et inconditionnel

Raheim nous a parlé d'une dernière chose que tous les anges peuvent offrir, peu importe le phylum auquel ils appartiennent : un amour inconditionnel. Aucune entité, autre que Dieu, ne peut nous offrir un amour inconditionnel d'une spontanéité et d'une magnitude comparables à celui des anges. Même les guides spirituels, qui sont pourtant l'incarnation de l'amour et qui font tout leur possible pour atteindre la perfection, sont limités à ce chapitre. Comme je l'ai mentionné plus tôt, les guides spirituels sont humanisés, et c'est ce lien avec l'humanité qui leur permet d'éprouver des émotions pour les entités sur qui ils doivent veiller. Francine et Raheim réagissent de manière émotionnelle lorsqu'ils ont l'impression que moi ou ma famille sommes victimes d'une injustice, comme tous les guides spirituels souffrent de voir les injustices que nous, humains, devons subir. Par exemple, si nous contractons une maladie terrible, nos guides spirituels seront bouleversés et empathiques.

Même s'il nous arrive quelque chose de mineur, comme un mal de dos, nos guides se feront du souci pour nous. Les anges, de leur côté, demeureront impassibles, mais tout en nous offrant un flot continu, intarissable et inconditionnel de pur amour.

Je ne veux pas vous suggérer que les anges sont un peu bêtes. Comme ils n'ont jamais eu une vie à vivre, ils n'ont pas d'individualité, et sont pure innocence. Vous ne verrez jamais un ange marcher d'un pas lourd sous l'effet de la colère ou exprimer des émotions humaines. Les anges ne sont pas chicaneurs et ont leurs propres priorités. Vous ne verrez jamais un ange se présenter devant le Conseil, sauf à de rares exceptions, et uniquement en compagnie d'un guide spirituel ayant une requête à adresser. Par exemple, si mon guide spirituel avait un problème avec mon plan de vie ou n'arrivait pas à capter mon attention, Francine pourrait demander à des anges de l'accompagner jusqu'au Conseil et de l'aider à plaider sa cause.

De plus, les anges n'ont pas vraiment le sens de l'humour. En fait, ils n'en ont aucun, même s'ils sont joyeux et capables de rire. Vous vous dites peut-être : « Mais s'ils sont capables de rire, ils doivent forcément avoir le sens de l'humour ». On pourrait le croire, mais leur rire semble plutôt provenir de la joie qu'ils ressentent à exister, et non de leur sens de l'humour. Voilà une qualité fort enviable.

En plus d'être joyeux, les anges possèdent une intelligence statique. Je ne dirai jamais qu'un ange est plus intelligent qu'un autre, car ils semblent tous avoir le même quotient intellectuel. Un phylum peut s'avérer supérieur à un autre en termes de puissance, mais jamais en termes d'intelligence. En d'autres mots, les Trônes ou les Principautés appartiennent à des phylums supérieurs à ceux des Anges et des Archanges, mais ils ne sont pas plus intelligents qu'eux ; ils savent ce qu'ils ont à faire et ils le font. À nouveau, vous vous demandez peut-être : « Est-ce que les Trônes et les Principautés sont capables de plus d'amour que les Anges et les Archanges ? » Non, ils sont tous capables du même magnifique amour inconditionnel et infini.

Les anges sont les seules créatures de Dieu capables de transcender le monde terrestre et le monde de l'AU-DELÀ. Ils aident, apaisent, guident et assistent les entités de l'AU-DELÀ tout comme ils nous aident ici-bas, et sensiblement de la même manière.

Anges : le réel et l'imaginaire

Avant d'aller plus loin, dissipons quelques mythes au sujet des anges. Puisque nous avons consacré beaucoup de temps à définir ce qu'ils *sont*, il est également important de préciser ce qu'ils *ne sont pas*.

Tout d'abord, contrairement à la croyance populaire, les anges maléfiques n'existent pas. Certains textes religieux nous mettent en garde contre les « anges du mal ». D'autres affirment que Satan est un ange déchu. Non seulement le diable n'existe pas, mais Raheim m'a déjà dit : « Je n'ai jamais vu un ange maléfique. Il n'existe ni anges du mal, ni anges maléfiques, ni anges déchus. Le mot *ange* est lui-même un défi lancé aux ténèbres, presque l'antithèse du mot *mal*. Les anges combattent et disposent du mal. Ils ne sont en rien mauvais, eux qui ne sont que pur amour. »

Un autre mythe au sujet des anges est qu'ils viennent à notre aide un à la fois. Il arrive qu'ils viennent à notre secours un par un, comme le démontreront certains récits présentés dans ce livre, mais c'est plutôt rare. La plupart du temps, lorsque les anges viennent à notre aide, ils le font par groupes de dix ou plus, et même par *milliers* lors de grandes catastrophes. Que ce soient les Vertus révisant nos plans de vie, les Anges nous protégeant, ou les Archanges et les Puissances nous apaisant – peu importe leur tâche – la plupart du temps, les anges nous assisteront en groupe.

Lorsqu'il est écrit qu'un groupe d'anges était présent, cela ne veut pas dire autre chose. Je trouve qu'il est quelque peu inexact de dire qu'un seul ange, soit l'ange Gabriel, se soit adressé à Marie pour lui annoncer qu'elle était enceinte du Christ. Non, Marie a été visitée par *plusieurs* anges, comme le furent toutes les femmes qui mirent au monde un messie ou un messager de Dieu, que ce soit la mère de Mahomet, le fondateur de l'Islam, ou la mère de Bahaullah, le fondateur de la foi Baha'i. Des exemples de ce genre abondent dans les écrits historiques de l'antiquité. Il y a toujours un héraut annonçant l'arrivée des messagers ; il y a toujours un groupe d'anges. Qu'il s'agisse des bergers qui ont vu et entendu les anges qui célébraient la naissance du Christ ou ceux qui célébraient la naissance de Bouddha, les anges ont toujours été présents. Comme il est écrit dans la Bible, ils seront toujours parmi nous.

La confusion et les mythes entourant les anges se maintiendront probablement jusqu'à la fin des temps, puisqu'ils sont avec nous depuis le commencement du monde, mais j'espère néanmoins avoir fait ma part pour clarifier certaines des idées fausses les plus répandues.

Les dix phylums angéliques

Comme je l'ai mentionné plus tôt, il existe dix phylums ou niveaux angéliques différents.* Dans les chapitres suivants, nous explorerons en détail chacun de ces phylums. Pour l'instant, commençons par un survol de chaque phylum et de leurs caractéristiques (totem, élément, pierre précieuse, couleur des ailes, but et fonction).

Les anges et leurs totems

Le mot *totem* ou *anima* désigne une créature vivante reconnue pour porter chance ou pour être capable de transmettre un message. Ce mot d'origine amérindienne est utilisé par les shamans pour parler de l'animal qui nous représente. Nous avons tous un totem, et il arrive souvent que nous acquérions les caractéristiques propres à ce totem. Mon totem, par exemple, est l'éléphant, et comme les éléphants, je suis très portée sur la famille. Je n'oublie jamais rien, et ainsi de suite. Parfois les groupes vont partager un totem commun. Dans la culture amérindienne, par exemple, chaque tribu possède son propre totem, représentant un animal qui protège et assiste les membres de cette tribu.

---

* *Prenez note que certains noms comme « Anges » s'écrivent avec une lettre majuscule lorsqu'on fait allusion au phylum, mais avec une minuscule lorsqu'on fait allusion aux anges en général.*

Tableau des anges

Type d'ange	Totem	Élément	Pierre	Ailes	But	Fonction
Anges	Mouette	Soleil	Perle	Blanches bordées d'argent	Protecteurs	Peurs et phobies
Archanges	Loup	Pluie	Aigue-marine	Blanches bordées de bleu	Messagers (ils portent le sceptre vert de la guérison)	Espoir
Chérubins	Canari	Musique	Quartz	Blanches bordées de rose	Joyeux chanteurs	Insomnie
Séraphins	Canari	Musique	Quartz	Blanches bordées de rose	Joyeux chanteurs	Mémoire des rêves
Puissances	Faucon	Lune	Émeraude	Blanches bordées de vert pâle	Guérisseurs	Paix

Type d'ange	Totem	Élément	Pierre	Ailes	But	Fonction
Charognes	Corbeau	Vent	Opale	Blanches teintées d'orangés	Transporteurs des entités des Ténèbres	Destin
Vertus	Colombe	Eau	Argent	Argentées bordées de bleu pâle	Aides (ils nous aident à comprendre notre plan de vie)	Morales
Dominations	Couguar	Terre	Héliotrope	Blanches teintées de marron	Superviseurs du bien, archivistes des actes	Force
Trônes	Éléphant	Air	Or	Blanches teintées de pourpre	Armée d'Azna (Dieu la Mère)	Fertilité (émotion)
Principautés	Lion	Feu	Saphir	Or	Armée d'Om (Dieu le Père)	Justice (intellect)

De même, chaque phylum angélique possède son propre totem (voir le tableau précédent). Pour les anges, le totem constitue un symbole représentant un animal envers lequel ils sont bien disposés et qui renvoie à leur phylum. Par exemple, les Anges (membres du premier phylum) utilisent à l'occasion la mouette pour se manifester. Cela ne veut pas dire que les Anges prennent l'apparence d'une mouette, mais plutôt que la mouette est l'animal totémique spécifique aux Anges. Le totem des Archanges est le loup ; rapide, endurant et féroce lorsque cela est nécessaire. À l'inverse, le canari est un bel oiseau qui aime chanter, comme les Chérubins et les Séraphins qu'il représente.

Tous les anges peuvent vous apparaître brièvement sous la forme de leur anima ou de leur totem, quoiqu'ils le fassent rarement. S'ils ont besoin de vous parler, ils vont généralement se manifester en manipulant l'énergie de votre totem ou d'un autre animal (ours, aigle, faucon ou lion). Raheim dit que les anges peuvent manipuler les animaux parce qu'ils possèdent un grand pouvoir sur les royaumes de la terre.

Dans les cultures indigènes, les gens racontent souvent des histoires où des totems se manifestent et leur parlent, des récits où grâce à l'intervention d'un ange, un animal les avertit ou les protège d'un danger. Lorsqu'un tel événement se produit, cela peut vouloir dire deux choses : soit que l'animal était le totem de cette personne, soit qu'il s'agissait d'un animal manipulé par un ange. Ne confondez pas votre propre totem avec celui d'un ange. Un ange peut manipuler votre totem pour prendre la parole, mais les anges prennent rarement la forme de leur totem.

Éléments et pierres

L'élément qui symbolise chacun des phylums angéliques représente la substance qui permet d'identifier le phylum. Par exemple, l'élément des Archanges est la pluie. La plupart des gens associent la pluie à la morosité et à la dépression, mais arrêtez-vous un instant et pensez aux bons côtés de la pluie. Elle lave, nettoie, soigne les ulcérations et purifie, comme les Archanges guérisseurs qu'elle représente. En passant, personne n'aime autant la pluie que moi ; je l'aime depuis que je suis enfant, même si je ne sais pas vraiment pourquoi.

Chaque phylum angélique correspond également à un joyau ou à une pierre précieuse qui symbolise non seulement ce qui fait vibrer ce phylum, mais aussi ce qui est capable d'emmagasiner le pouvoir de ce phylum. Par exemple, la pierre des Chérubins et des Séraphins est le quartz. Nous pouvons apercevoir du quartz lorsque nous méditons, et si nous sommes chanceux, lorsque nous communiquons avec nos anges.

Qui devrions-nous appeler ?

Chaque phylum a un but particulier et peut nous aider à régler les crises émotionnelles et les problèmes qui surviennent dans notre vie. Le fait de savoir quel ange nous devons appeler lorsque nous avons besoin d'une aide particulière – que ce soit celle d'un messager, d'un protecteur ou d'un guérisseur – facilite l'exécution de cette tâche et contribue à nous tranquilliser. Ce n'est pas qu'ils ne viennent pas tous lorsque nous les appelons, mais avons-nous vraiment besoin de faire venir un peintre lorsque nous voulons faire réparer une porte ?

Les fonctions angéliques, présentées dans le tableau ci-dessus, correspondent aux domaines d'expertise propres à chaque phylum, mais notre interprétation humaine de ces fonctions n'est pas forcément la bonne. Dieu a créé les anges, et l'idée qu'Il se fait de leur fonction est peut-être complètement différente de la nôtre. J'hésiterais avant de tenter de donner l'interprétation de Dieu, mais je crois que nous pouvons prier un phylum en particulier, en tenant compte de sa fonction, pour obtenir de l'aide. Par exemple, en période de stress, nous pouvons appeler les Puissances pour obtenir un soulagement (leur but), mais aussi pour avoir l'esprit tranquille (leur fonction). Rappelez-vous, cependant, qu'en dépit du fait que chaque phylum angélique possède une expertise particulière, tous les anges interagissent entre eux dans le cadre de leur fonction, qui est d'aider et de protéger toutes les créatures de Dieu.

Est-ce que cela veut dire que nous devons porter certaines pierres ou certaines couleurs, ou encore adopter un totem en particulier pour appeler certains anges ? Non, pas du tout. Les informations contenues dans ce chapitre ont été uniquement présentées pour vous informer et afin que vous puissiez parfaire vos connaissances. Plus nous en savons sur les anges, plus ils sont conscients que nous tentons de les joindre à travers les dimensions afin qu'ils se rapprochent de nous, et pour y parvenir, notre propre foi et nos propres croyances les y aideront. Nous pouvons nous détendre, apprécier et utiliser ces nouvelles informations pour prendre contact avec le bon phylum et ainsi accomplir encore beaucoup plus.

Donc, comment faisons-nous pour appeler nos anges lorsque nous avons besoin d'eux ? À la fin de chaque chapitre, j'ai inclus une méditation semblable à celle que vous trouverez ci-dessous. Je vous recommande de les enregistrer sur une cassette afin que vous puissiez écouter les instructions pendant que vous faites votre méditation.

MÉDITATION POUR PRENDRE CONTACT
AVEC VOTRE ANGE

Assoyez-vous ou étendez-vous confortablement, dans une position méditative. Fermez les yeux. Détendez vos pieds, vos chevilles, vos mollets, vos genoux, vos cuisses et vos fesses. Détendez le haut de votre corps, vos bras, vos doigts, votre cou et votre tête.

Entourez-vous de la blanche lumière de l'Esprit saint. Prenez trois respirations profondes et transportez-vous mentalement au bord de la mer. Sur le plan visuel, créez un environnement aussi simple ou aussi complexe qu'il vous plaira. Tandis que vous vous assoyez sur la plage, appuyez-vous contre un palmier, et plongez vos pieds dans le sable chaud. Sentez la chaleur des vagues contre vos pieds tandis que la mer va et vient. Sentez la chaleur du soleil sur votre visage, le vent souffler doucement dans vos cheveux. Prenez à nouveau trois profondes respirations et sentez toute la négativité s'écouler hors de vous à chaque flux et reflux de la marée.

Demandez à une entité, un ange, de vous rejoindre sur la plage. À votre droite, émergeant de l'ombre, s'avance un être magnifique. Faites signe à votre ange de s'approcher. Laissez à présent votre imagination de côté. Utilisez vos sens. Laissez l'amour de Dieu qui émane de ce messager vous envelopper.

Demeurez sur place aussi longtemps qu'il vous plaira. Puis, en prenant trois respirations profondes, relevez-vous en demandant à ce que la lumière de Dieu le Père et de Dieu la Mère, la conscience du Christ et l'Esprit saint soient avec vous.

II

Les Anges

« *Car il est écrit : Il donnera pour toi des ordres à Ses anges afin qu'ils te gardent.* »

— Luc, 4 : 10

EN 1988, j'étais au volant de ma voiture avec Amy, une fille qui travaillait avec moi à mon bureau. Nous étions en route vers la maison de mon fils Paul où nous devions passer la nuit, lorsque nous nous arrêtâmes pour acheter des boissons gazeuses et des amuse-gueule. Au moment où nous nous apprêtions à quitter le stationnement du magasin, je jetai un coup d'œil sur ma droite. Je vis alors venant de la gauche une voiture blanche qui fonçait droit sur nous, si près et roulant si vite qu'il était impossible de l'éviter. Je me préparai à l'impact et Amy poussa un cri. Il se fit un silence de mort, comme si le temps s'était arrêté. Il n'y eut ni impact, ni tôle froissée, rien qu'un silence inquiétant. Puis on entendit à nouveau les bruits de tous les jours. Je me tournai vers Amy qui avait les yeux grands ouverts comme des soucoupes, et dis : « Nous sommes probablement mortes. »

Je me rappelle être sortie de la voiture, suivie d'Amy. Croyant toujours que nous devions être mortes, je me préparai à voir nos corps déchiquetés, un tas de ferraille et un tunnel menant vers l'AU-DELÀ. À ma grande surprise, la voiture n'avait pas une seule égratignure, mais se trouvait complètement dans l'autre sens. Mon instinct de chercheur reprenant le dessus, je dis à Amy : « Ne dis rien. Remonte dans la voiture et notons par écrit, chacune de notre côté, ce que nous venons de vivre. »

Aussi incroyable que cela puisse paraître, nos deux récits s'avérèrent en tous points identiques. Nous avions toutes les deux ressenti le silence et le caractère onirique de cette expérience. Nous en avons discuté longuement, avant d'en venir à la conclusion que des anges nous avaient bel et bien sauvé la vie.

Plus tard, Francine m'a demandé : « Que penses-tu de la façon dont les anges s'y prennent pour déplacer les objets ? » C'est donc ce qu'ils avaient fait ce jour-là. Nous n'étions arrivées, ni l'une ni l'autre, à notre dernier point de sortie, et nos anges étaient là pour nous protéger du danger.

Si vous croyez que mon expérience est unique, voici la lettre d'une femme prénommée Rose décrivant un événement similaire.

« En 1991, j'avais vingt-deux ans et travaillais dans une ville voisine. Pour aller au travail, je devais chaque jour emprunter une autoroute à quatre voies et gravir une colline abrupte. Les deux directions étaient séparées par un mur de ciment. Ce jour-là, le temps était couvert et il y avait de nombreuses voitures sur la route. Je venais d'accélérer pour franchir le sommet de la colline (c'était la seule façon d'y arriver avec ma petite voiture), mais alors que je m'apprêtais à redescendre de l'autre côté, les voitures devant moi freinèrent brusquement. J'appuyai sur les freins de toutes mes forces, mais il devait y avoir de l'eau sur la route, car j'ai aussitôt perdu le contrôle de mon véhicule. Je me rappelle que la voiture a dérapé sur le côté, faisant face au mur de ciment. Par miracle, elle n'a pas capoté.

« Je me rappelle ensuite qu'au moment où ma voiture allait frapper le mur de ciment de plein fouet, je fermai les yeux et dis à haute voix : "Aidez-moi mon Dieu, je vous en prie." Tout devint alors silencieux, comme si le temps s'était arrêté. J'ouvris les yeux et vis le plus bel ange qui soit : ses cheveux étaient blonds (presque blancs), il était vêtu de blanc et semblait plus grand qu'une personne normale, avec d'énormes ailes irradiant une vaporeuse lumière blanche. Je clignai des yeux, et il disparut. Ma voiture était à nouveau sur la route, dans la bonne direction, dans la voie de droite. Je sais que je n'aurais jamais pu y arriver moi-même. Et je sais qu'il s'agit de l'œuvre de mon ange. J'ai toujours cru à l'existence des anges, et ce jour-là, j'en ai eu la preuve. »

L'histoire de Rose est un autre exemple d'anges capables de déplacer des objets, et elle confirme notre interprétation de ce qui nous est arrivé, à Amy et à moi, tandis que nous nous rendions chez mon fils.

Anges : les premiers protecteurs

Selon Francine, le premier phylum à avoir émergé de la création fut celui des « simples » Anges. (Même si tous les membres des autres phylums sont aussi appelés anges, lorsque j'écris « Anges » avec une majuscule, je fais allusion à ceux du premier phylum ou premier niveau.)

Comme ceux des autres phylums, les Anges sont très beaux et généralement très grands, bien qu'ils soient aussi de tailles différentes. Ils irradient l'amour et la gloire de l'Esprit saint et, comme tous les anges, ils sont d'apparence androgyne, n'étant ni hommes, ni femmes. Leur apparition est accompagnée d'une pure et éclatante lumière blanche, presque de nature fluorescente, qui émane de leurs ailes blanches bordées d'argent, révélant les contours du magnifique être qui se trouve au centre. Leur symbole est le soleil, en raison de leur éclat, et leur joyau est la perle, pour sa blancheur, symbole de pureté. Leur totem est la mouette, à nouveau en raison de sa couleur blanche qui symbolise la pureté.

Avec ses milliards et ses milliards d'individus, la catégorie des Anges est de loin la plus populeuse, et celle qui a le plus de chance d'entrer dans nos vies. Les Anges sont ceux qui montent la garde près de nous durant la nuit. En fait, on les appelle parfois les « anges de la nuit », car ils se manifestent plus souvent après le coucher du soleil que pendant le jour. Non, nous n'errons pas durant le jour sans ange, mais la nuit a toujours été une période propice aux choses de l'esprit. Je ne veux pas insinuer que toute sorte d'esprits malveillants sortent de leur trou la nuit venue, mais il est vrai qu'ils sont plus actifs durant la nuit lorsque nous sommes endormis, et donc plus vulnérables. Vous connaissez ce vieil adage disant qu'un ange se tient à chacun des quatre coins de notre lit ? Eh bien, ce n'est pas si farfelu. Les Anges se rassemblent vraiment à notre chevet pour veiller sur notre sommeil.

Comme Amy, Rose et moi l'avons découvert lors de nos expériences respectives en automobile, le but premier des Anges est de nous protéger. Ils n'hésiteront pas à poser des gestes extrêmes pour protéger ceux dont ils ont la charge. Autre trait merveilleux des Anges : ils peuvent se transformer à volonté, plus facilement que n'importe quel autre type d'anges. Ils peuvent s'enrouler autour du radiateur de votre voiture pour l'empêcher d'exploser, et ils peuvent vous réveiller s'il y a du monoxyde de carbone dans la pièce. Francine nous a un jour parlé d'un Ange qui s'était enroulé autour d'un pneu pour prévenir une crevaison.

Nancy, de Houston, m'écrit :

« Il y a environ cinq ans, mon mari et moi rentrions à la maison après avoir passé une fin de semaine seuls en Louisiane (quelque chose que nous faisons tous les dix ans). Chuck sommeillait sur le siège du passager, j'étais au volant et roulais derrière des gens qui transportaient une machine à laver et une sécheuse à l'arrière d'une camionnette. Soudain, on m'arracha le volant des mains et la voiture changea de voie, au moment même où un des appareils glissait hors du coffre et tombait sur la chaussée (alors qu'une fraction de seconde plus tôt, il aurait atterri sur notre pare-brise). Le bruit réveilla Chuck, et je lui dis que quelqu'un venait de nous sauver la vie. Je pouvais sentir la présence d'un ange ou d'un esprit supérieur et compris que ce n'était pas moi qui conduisais à ce moment-là. Ce puissant coup de volant et cette sensation d'être enveloppée par un esprit, je ne peux me l'expliquer. Mais pendant une demi-heure, je répétai sans arrêt : « On nous a sauvés, quelqu'un nous a sauvés." »

Les Anges possèdent un grand pouvoir. Ils peuvent déplacer des objets, saisir le volant d'une voiture, soulever une voiture, et faire toutes ces choses en manipulant les molécules. Même si nous vivons dans un environnement plus dense, les Anges, en raison de leur vibration électrique élevée, peuvent, avec l'aide de Dieu, nous écarter physiquement du danger. Ce premier phylum possède un pouvoir qui dépasse nos rêves les plus fous.

Les Anges appartiennent également au phylum chargé de protéger les enfants. Tous les êtres vivants sont protégés par Dieu et Ses anges, mais je sens que les enfants ont une affinité particulière avec les Anges et vice versa, car ils arrivent tout juste de l'AU-DELÀ et de la Maison. Lloydine, de la Floride, m'écrit :

« En 1965, j'effectuais le trajet entre la Californie et le Colorado. C'était la première fois que je conduisais une voiture à transmission automatique, dans la neige, qui plus est, et je perdis soudain le contrôle de la voiture. Je réalisai alors que je ne savais pas quoi faire pour l'arrêter, mais elle se replaça tout à coup d'elle-même dans le bon sens. Mais ma belle-mère se jeta alors sur le volant et nous envoya dans un fossé de cinq mètres de profondeur. Lorsque la voiture s'immobilisa, elle faisait face à la colline, il n'y avait aucune trace dans la neige, et nous n'avions pas capoté, ni heurté quoi que ce soit. Nous avions doucement atterri sur le sol. À l'avant, assis entre moi et ma belle-mère, se trouvait mon bébé, qui n'avait que quatre mois à l'époque et qui ne portait aucune ceinture de sécurité ou quoi que ce soit d'autre. Mon beau-fils de deux ans était toujours étendu sur la banquette arrière, comme si de rien n'était. Les deux petits n'avaient pas bougé de leur siège, et personne n'avait la moindre égratignure ou la moindre bosse. Je crois sincèrement que mes anges m'ont sauvé la vie ce jour-là. Je crois qu'ils ont déposé tout doucement la voiture sur le sol. Je sais qu'ils existent. Je peux sentir leur présence, eux qui prennent si bien soin de moi. »

À nouveau, il s'agit du même type d'expérience que nous avons vécue, Amy et moi, ainsi que plusieurs autres personnes. Comprenez-vous pourquoi j'ai tendance à perdre patience lorsque les gens me demandent : « Mais enfin, qu'est-ce qu'ils font tous ces anges ? » Lorsque nous passons notre vie en revue, il est facile de retrouver toutes ces fois où il s'en est fallu de peu, où nous avons eu un pressentiment qui nous a sauvé la vie. Tous ces événements sont des exemples d'interventions angéliques et la preuve de leur désir incessant de nous protéger et de veiller sur nous.

Communiquer avec les Anges

Chacun d'entre nous possède ses propres Anges. Une fois que nous faisons appel à eux, ils nous sont aussitôt assignés et nous accompagnent durant toute notre vie. Francine dit que certaines personnes sont si attachées à leurs anges qu'après leur décès, on les voit encore se promener dans l'AU-DELÀ, entourées de tout un groupe d'Anges.

Chaque fois que nous désirons envoyer nos Anges afin qu'ils viennent en aide ou protègent quelqu'un dans le besoin, nous pouvons le faire. Il suffit de le demander, et des Anges supplémentaires viendront veiller sur nos êtres chers. Plusieurs d'entre nous ont quatre ou cinq anges autour d'eux et peuvent facilement en obtenir d'autres. Il suffit de le demander.

Les Anges sont des assistants de Dieu qui viennent pour nous aider à survivre dans ce monde marqué par les conflits. Bien que les Anges ne parlent pas, ils sont capables de communiquer avec nous par télépathie. Ils peuvent entendre notre voix et lire dans nos pensées, mais seulement si nous leur en donnons la permission. Aucun ange, aucun guide spirituel, ni aucune entité ne peut accéder à notre esprit sans notre permission. Toutefois, si nous permettons aux Anges de lire dans nos pensées, nous pouvons dès lors faire appel à eux à tout moment sans être obligés de verbaliser cet appel.

Pour communiquer avec nos Anges, il suffit de leur parler comme si nous nous adressions à nos guides spirituels. En fait, il est encore plus facile de communiquer avec nos Anges que de communiquer avec nos guides, car les Anges sont pur amour. Contrairement aux guides spirituels, qui ont tous un programme à suivre (nous garder sur la voie, surveiller notre plan de vie, retourner devant le Conseil pour discuter de certains problèmes, etc.), les Anges ne pensent à rien d'autre qu'à nous. Ce sont des êtres purs, aimants et protecteurs extrêmement réceptifs. Il n'est pas nécessaire d'être dans un état méditatif ou dans un état de conscience modifié pour communiquer avec eux. Nous pouvons leur parler comme il nous convient, que ce soit sous la forme d'une prière ou d'une conversation de tous les jours. Je peux vous garantir qu'ils nous entendent.

Lorsque nous parlons aux Anges, nos guides spirituels entendent également ce que nous disons. Et l'inverse est aussi vrai. Ils travaillent tous main dans la main. Il n'y a ni secret, ni cachotterie, ni manifestation d'ego. Un type d'entité ne prend jamais le dessus sur un autre pendant une communication. Cependant, il arrive que les Anges observent des choses qui échappent aux guides spirituels. Lorsque cela se produit, les Anges vont aussitôt informer nos guides spirituels. Francine dit que plusieurs de mes Anges lui ont déjà transmis des informations dont elle n'était pas au courant.

Les Anges sont, à la fois, vigilants et perspicaces ; leur regard est constamment rivé sur nous. Ils perçoivent tous nos mouvements, chaque battement de paupières, nos plus petits tics. Ils s'adressent souvent à nos guides en disant : « Attendez une minute, je vois ses épaules bouger ; je le vois faire la grimace », et alors nos guides prêtent attention à quelque chose qu'ils n'avaient pas encore remarqué.

Alors pourquoi plus de gens n'utilisent-ils pas les Anges comme moyen de protection ? Probablement parce qu'ils ignorent que les Anges nous sont à ce point personnels. Ils ne sont peut-être pas conscients que nous avons tous des Anges qui nous sont assignés personnellement, tout comme nous avons un ou plusieurs guides spirituels. Les Anges nous protègent comme une sentinelle qui monterait la garde, toujours prête à s'élever comme un miroir, un mur ou une épée contre la négativité.

Lorsque nous avons des pensées négatives, nous pouvons faire appel à nos Anges afin qu'ils nous infusent des pensées ou des suggestions positives. Si quelqu'un peut chasser la dépression, c'est bien un Ange. Mais à nouveau, à moins que nous le demandions, nous ne recevrons rien. Notre pouvoir réside dans cette capacité à demander. Cherchez et vous trouverez ; combien de fois notre Seigneur devra-t-il le redire ? Frappez et on vous ouvrira.

Les Anges peuvent même réarranger notre mémoire cellulaire, qui est la mémoire de toutes les maladies passées contenues dans les cellules de notre corps, qu'elles soient survenues plus tôt au cours de notre vie actuelle ou dans une vie passée. Si nous sommes en mesure de préciser ce qui nous fait souffrir, comme par exemple la vésicule biliaire, il nous suffit de demander : « Pouvez-vous m'aider à guérir ma vésicule biliaire ou effacer le souvenir cellulaire d'avoir eu des problèmes de vésicule biliaire ? » Il faut être très précis, cependant ; dire quelque chose du genre « Je ne me sens pas bien » n'est pas assez spécifique. Et rappelez-vous, cette technique ne doit en aucun cas remplacer une intervention médicale.

Même les Anges ont parfois besoin d'un coup de main

Les Anges jouent les rôles de protecteur et d'activateur dans notre vie de tous les jours. Ils sont ici pour nettoyer, réparer ou faire de la place pour les autres. Mais il arrive que même les plus puissants Anges aient besoin d'un peu d'aide, car ils rencontrent à l'occasion des situations qui dépassent leur champ de compétence, qui est de nous protéger. Lorsque cela se produit, ils font appel aux anges des autres phylums afin qu'ils leur viennent en aide.

Pour mieux comprendre comment il est possible que des Anges aient besoin d'assistance, supposons qu'une personne dont ils ont la charge tombe gravement malade. Contrairement aux anges de certains autres phylums, les Anges ne peuvent pas lire notre plan de vie ; il revient alors au guide spirituel de cette personne de transmettre l'avertissement. Celui-ci peut dire : « Cette personne sera bientôt dans une mauvaise passe. » Le guide va ensuite appeler à l'aide les Archanges et les Puissances (des anges doués pour la guérison) ou demander aux Anges d'intervenir auprès d'eux. Ou encore, si cela s'avère nécessaire, les Anges peuvent s'adresser aux phylums supérieurs, ceux des Trônes et des Principautés, afin qu'ils fassent appel au Conseil pour obtenir une aide supplémentaire. Les Anges ne peuvent s'adresser directement au Conseil, mais en situation de crise, ce sont eux qui appellent la cavalerie à la rescousse, pour ainsi dire.

Comme je l'ai mentionné plus tôt, les Anges peuvent nous transmettre des messages, mais ils ne le font pas aussi efficacement que les Archanges. Étant donné que les Anges sont constamment autour de nous – dans les tranchées, comme ils disent – ils transmettent ce qu'ils observent aux Archanges qui passent, eux, moins de temps avec nous. En général, nos guides spirituels sont à la tête de toutes ces opérations, mais comme il arrive souvent que certains détails leur échappent, les Anges se chargent alors de transmettre à leur place les messages demandant de l'aide.

Observations d'Anges

Qui n'a pas entendu des histoires d'Anges ayant pris forme humaine ? Toutefois, nous ne nous rendons pas toujours compte qu'ils sont des Anges au moment où ils se manifestent. En effet, ce n'est que plus tard, bien souvent, que nous prenons conscience que nous venons de rencontrer un ange.

Susan m'écrit :

« Cet événement s'est produit en 1957 ou 1958. Mon mari d'alors – nous sommes aujourd'hui divorcés – était en poste en Angleterre. Lui et moi étions allés au cinéma, mais au milieu du film, il se leva en disant qu'il allait boire quelques bières et qu'il reviendrait me chercher lorsque le film serait terminé. Toutefois, à la fin du film, il n'était toujours pas là. Malgré l'heure tardive – il était vingt-deux heures trente – la noirceur et le brouillard, je l'attendis jusqu'à minuit et demie. Je n'avais pas d'argent pour prendre un taxi et je me trouvais à plus de quinze kilomètres de la maison. Tandis que je l'attendais, effrayée, cet homme apparut devant moi et dit : Vous ne devriez pas vous trouver là à cette heure de la nuit. Il fit signe à un taxi de s'arrêter, me demanda où je vivais et donna un peu d'argent au chauffeur. Lorsque je me retournai pour le remercier, il avait disparu. Mon mari rentra à trois heures du matin, très fâché que je ne l'aie pas attendu comme prévu. N'eut été de cet homme, dont je n'ai jamais douté de la nature angélique, j'aurais passé toutes ces heures, seule, à attendre. »

L'acteur Mickey Rooney raconte avoir vu apparaître devant lui un jeune homme aux cheveux blonds dorés dans un restaurant alors qu'il pensait à se suicider. Ce serveur, qui portait une veste rouge avec des boutons en cuivre, comme tous les autres serveurs, lui dit : « Vous ne voulez pas le faire ce soir. Vous ne voulez pas vous enlever la vie. » Plus tard, lorsque Mickey dit au maître d'hôtel qu'il voulait remercier ce jeune serveur aux cheveux blonds, le maître d'hôtel lui répondit qu'aucun employé du restaurant ne correspondait à cette description. Mickey demanda à tous les serveurs s'ils ne connaissaient pas par hasard ce garçon, mais ils lui répondirent tous par la négative. Ce n'est qu'alors qu'il se rendit compte qu'un ange lui était apparu pour lui transmettre ce merveilleux message.

La plupart des gens se souviennent d'une expérience où un étranger est venu les voir pour leur donner un message quelconque ou d'une journée où ils ont ressenti le besoin de regarder une certaine émission de télévision ou de radio au cours de laquelle ils ont soudain reçu la réponse à un problème. Les Anges sont beaucoup plus puissants que nous voulons bien le croire. Ils comptent probablement parmi les aspects les plus sous-estimés et les plus négligés de la création.

L'animateur de *talk-show* (et mon bon ami), Montel Williams, a non seulement été un ange pour moi et plusieurs autres personnes sur cette terre, il a également vu un Ange apparaître devant lui alors qu'il se trouvait à l'hôpital. Il saignait littéralement du nez lorsqu'il vit un

Ange dans le coin de sa chambre. L'Ange lui dit : « Veux-tu te calmer, s'il te plaît ? Arrête. Calme-toi. Veux-tu te calmer, s'il te plaît ? » Montel fut si secoué par cette apparition qu'il se calma aussitôt. Il me confia plus tard que cet Ange lui avait apporté un sentiment de sérénité comme il n'en avait jamais ressenti.

Non seulement les anges peuvent prendre diverses formes, mais ils peuvent aussi intervenir physiquement. N. m'écrit :

> « Il y a plusieurs années de cela, alors que je travaillais dans un cabinet d'avocats, je commençai à ressentir, comme tous les mois, des crampes abdominales et décidai de rentrer chez moi sur l'heure du lunch pour m'étendre un peu. Je mis mon projet à exécution, mais ne trouvai pas le sommeil à cause de la douleur. Finalement, lorsque je voulus me relever, je me rendis compte que j'en étais incapable. J'avais l'impression qu'on me retenait de force, mais j'étais pourtant seule. Cela dura quelques minutes, et soudain, je fus libérée. Je ne ressentais aucune peur, mais j'étais quelque peu confuse quant à ce qui venait de se passer. Tandis que je retournais au travail au volant de ma voiture, je vis qu'il s'était produit un grave accident impliquant plusieurs voitures à l'endroit où je me serais trouvée si j'étais partie quelques minutes plus tôt. Je remerciai aussitôt la personne qui m'avait permis d'éviter cet accident qui aurait pu m'être fatal. »

Je sais qu'il s'agit d'une véritable intervention angélique. Pourquoi ? Parce que j'ai reçu de nombreux témoignages similaires et parce que j'ai moi-même vécu une expérience semblable, il y a quelques années. Pourtant, certaines personnes disent n'avoir *jamais* vu d'Anges. En fait, je suis sûre qu'elles en voient, elles ne sont tout simplement pas conscientes de ce qu'elles voient ou de ce qu'elles ressentent. Vous apercevez quelque chose du coin de l'œil ? Il s'agit peut-être d'un Ange. Vous êtes soudain envahi par un sentiment de bien-être ou d'amour ? Il s'agit assurément d'un Ange. D'un point de vue théologique, il est parfaitement logique qu'un Dieu d'amour nous envoie des êtres chers pour veiller sur nous. Le fait de croire génère une énergie qui facilite l'entrée des Anges dans notre monde. Mieux encore, le simple fait que nous *pourrions* croire les aide à venir plus rapidement. À l'inverse, le pessimisme, le désespoir et même l'incrédulité peuvent provoquer des blocages. Si vous ne croyez pas, cela ne veut pas dire que les Anges ne sont pas là pour vous, mais le fait de croire facilite l'affirmation de leur présence. La foi est en elle-même une énergie qui ouvre une fenêtre sur nos âmes.

Protection de grande portée

La nuit, je demande aux Anges d'entourer ma maison, mes enfants, mes petits-enfants, mes êtres chers et toutes les personnes sur terre. Si on leur demande, les Anges viennent, et à mesure que mes connaissances s'enrichissent, j'ai remarqué que faire appel au bon phylum peut aussi faire une énorme différence.

Le Psaume 91 : 10-12 nous dit : « Il ne t'arrivera pas de malheur, aucun coup ne menacera ta tente, car Il chargera ses anges de te garder en tous tes chemins. Ils te porteront dans leurs bras pour que ton pied ne heurte pas la pierre. » Il est intéressant de noter que dans ce psaume, ainsi que dans plusieurs écrits religieux, allant des premiers livres du Veda aux manuscrits de la Mer Morte, les Anges protègent non seulement les gens, mais aussi la terre, et toutes les créatures qui habitent sur cette planète. Toutefois, je n'insisterai jamais assez sur le fait qu'aucun guide spirituel ou Ange ne doit jamais prendre la place de ce Dieu d'amour qui a créé le monde. Je ne veux voir personne perdre la tête avec les anges, les saints et les autres entités de l'AU-DELÀ et oublier qui est vraiment le grand patron. Voyez-les comme un ajout à votre vie et une armée du Bien toujours prête à combattre les forces des ténèbres.

Comme vous, il m'arrive de perdre patience quand tombe le jour, de me sentir seule à l'occasion... et j'ai parfois l'impression que Dieu est parti en vacances. Mais je persévère, et je vous encourage à faire de même, car je sais que tout tournera pour le mieux, surtout si nous ne perdons pas de vue l'essentiel, qui est de ne jamais nous laisser détourner de la loi universelle que notre Seigneur nous a enseignée : faites aux autres ce que vous voudriez qu'ils vous fassent. Lorsque nous sommes dans cet état d'esprit, les anges peuvent plus facilement nous venir en aide.

Jason m'écrit :

« Ma mère a toujours cru à l'existence des anges. Elle les a collectionnés pendant plusieurs années. En 1999, le jour du Memorial Day, alors qu'elle était en vacances au Mexique avec ses amies, elle fut impliquée dans un accident de voiture qui s'avéra mortel. Ma famille reçut ses bagages quelques jours avant son service funèbre. À l'intérieur de son sac, nous trouvâmes des rouleaux de pellicule qui n'avaient pas encore été développés. Nous les fîmes développer et pûmes ainsi reconstituer la chronologie de ses vacances. Sur l'une des dernières photographies, on pouvait voir un petit chemin de terre et un pan de ciel. Dans le ciel, nous remarquâmes qu'un des nuages avait exactement la forme d'un ange. Comme il n'y avait rien d'autre sur cette photographie qu'un chemin et un coin de ciel, nous croyons qu'elle avait, elle aussi, remarqué l'ange et voulu le prendre en photo. Elle est morte peu de temps après. Nous espérons que cet ange était avec elle dans la voiture et qu'il l'a amenée au paradis. »

Ceci est caractéristique de tant de lettres que je reçois : apparitions d'anges dans le ciel, devant une voiture, à l'intérieur d'une voiture. Bien sûr, cet ange a amené la mère de Jason directement au paradis (ou dans l'AU-DELÀ comme nous le disons ici), et je peux lui dire qu'elle n'a pas souffert et qu'elle est morte instantanément. Non seulement nos guides se manifestent lorsqu'il est temps pour nous de passer dans l'AU-DELÀ, mais nos êtres chers et nos anges sont également avec nous à ce moment-là.

Le prochain récit, même s'il est un peu long, confirme plusieurs éléments présents dans les histoires d'anges que je reçois. Il confirme également ma propre expérience voulant que les anges aient non seulement de magnifiques ailes de couleur, mais aussi forme humaine.

Darlene m'écrit :

« Un samedi matin d'avril 1982, Dieu m'envoya mon ange gardien pour me venir en aide. J'étais seule à la maison avec nos deux filles (âgées de quatre et huit ans), car mon mari avait dû se rendre à son travail. Comme tous les samedis, je me mis à faire le ménage, ce qui inclut ramasser toutes les ordures de la maison et les brûler dans un baril dans l'arrière-cour. Nous vivons à la campagne dans les plaines du Wisconsin. Toute la neige avait fondu dès avril cette année-là et les vents du printemps commençaient à faire sécher les herbes de la plaine.

« Mais à cause de ces mêmes vents, le feu s'échappa du baril et se dispersa dans les herbes presque sèches. Lorsque je remarquai ce qui se passait, le feu avait déjà commencé à se répandre (par chance, dans la direction opposée à la maison). Je téléphonai à mes voisins, Shirley et Mike, pour qu'ils viennent m'aider. Comme nous n'avions pas encore installé le boyau d'arrosage, nous mouillâmes des tapis sous le robinet extérieur dans l'espoir d'étouffer les flammes. Mais les vents s'intensifièrent, et nous prîmes rapidement conscience que nous allions perdre la bataille. Je téléphonai donc au service d'incendie.

« Je retournai dehors en courant pour prêter main-forte à mes voisins, et c'est alors que mon ange apparut. À cette époque, plusieurs pistes de motocyclette passaient derrière chez nous, et c'est peut-être pour cela qu'au début je ne fus pas surprise de voir cette personne arriver sur une moto. Il (je présume qu'il s'agit d'un homme, car il portait un casque et une visière qui lui recouvrait le visage) descendit de la moto et marcha le long de la ligne de feu, ce qui eut pour effet d'éteindre les flammes. Avant l'arrivée du service d'incendie, pendant ce qui me parut une éternité, je regardai les cèdres s'enflammer et se transformer en boules de feu. Nous apprîmes plus tard que les pompiers s'étaient perdus en chemin. Nous habitons près du lac Wisconsin, et les pompiers s'étaient dirigés du mauvais côté du lac. Néanmoins, lorsqu'ils arrivèrent finalement chez moi, le feu était déjà éteint. Je courus aussitôt vers les pompiers pour leur dire de ne pas sortir leur équipement du camion, mais lorsque je revins sur les lieux de l'incendie, mon ange avait disparu aussi rapidement qu'il était apparu. Personne ne l'avait vu partir et personne n'avait eu la chance de le remercier.

« Nous nous regardâmes, Mike, Shirley et moi, complètement stupéfaits. Nous avions tous compris sur le moment qu'il s'agissait d'un ange. Tandis que nous luttions fébrilement avec nos vieux tapis mouillés, mon ange avait marché calmement le long des flammes jusqu'à ce qu'elles soient éteintes. D'ordinaire, ces pistes de motocyclette sont empruntées par des jeunes. Or, personne n'avait jamais vu un motocycliste (mon ange) vêtu de cette façon, et nous ne le revîmes jamais.

« Je sais au fond de mon cœur que Dieu m'a envoyé un ange ce jour-là. Avant la sortie du film Michael, certaines personnes se moquaient de moi lorsque je leur racontais mon histoire, car elles croyaient que les anges portaient uniquement de magnifiques vêtements blancs, qu'ils avaient des ailes et ainsi de suite, mais mon ange est venu à moi portant un casque de motocycliste avec une visière noire, une veste de cuir noir, des gants de cuir noir, et de lourdes bottes, et j'en remercie Dieu. »

Les histoires qui parsèment ce livre montrent que non seulement les anges peuvent prendre forme humaine, mais aussi, comme le dit Francine, qu'ils peuvent prendre n'importe quelle apparence. Comme nous l'apprend la Bible dans Hébreux 13 : 2 : « N'oubliez pas l'hospitalité, car, grâce à elle, certains, sans le savoir, ont accueilli des anges. »

MÉDITATION POUR OBTENIR PROTECTION ET TRANQUILLITÉ D'ESPRIT

Assoyez-vous ou étendez-vous confortablement, dans une position méditative. Fermez les yeux. Détendez vos pieds, vos chevilles, vos mollets, vos genoux, vos cuisses et vos fesses. Détendez le haut de votre corps, vos bras, vos doigts, votre cou et votre tête.

Détendez-vous et prenez trois respirations profondes. Entourez-vous d'anges. Demandez-leur de déployer leurs ailes autour de vous. Imaginez que vous êtes dans un magnifique temple où des rangées et des rangées d'anges chantent la gloire de Dieu. Sentez l'amour et voyez les lumières colorées qui émanent de ces êtres merveilleux. Sentez l'amour se répandre dans votre être et chasser tout désespoir, toute ignorance, toute peur. Sentez la lumière de Dieu briller sur vous, vous libérant de votre culpabilité, de vos regrets et même de vos maladies. Demeurez debout dans ce temple de marbre et prenez conscience que vous êtes béni par le ciel. Demeurez étendu, détendez-vous, et savourez ce moment de paix.

Cette méditation est particulièrement efficace avant d'aller au lit. Elle chasse les idées noires, vous rappelle que vous êtes protégé, et éloigne les mauvais rêves.

III

Les Archanges

« *Louange à Allah, Créateur des cieux et de la terre, qui a fait des Anges des messagers dotés de deux, trois ou quatre ailes.* »

— Coran 35 : 1

COMME LES autres anges, les Archanges du deuxième phylum de la hiérarchie angélique ne portent pas de nom individuel, bien que Francine aime bien tous les appeler « Michel ». Leur symbole (ou élément) est la pluie, et représente leurs pouvoirs de purification et de guérison. Leur pierre est l'aigue-marine, car sa couleur bleue correspond aux extrémités de leurs ailes, qui sont par ailleurs blanches, et symbolise la tranquillité et l'infinité du ciel. Leur totem (ou anima) est le loup, un symbole de leur rapidité et de leur endurance en tant que messagers, transmettre des messages étant leur but premier.

Nous pouvons faire appel aux Archanges pour envoyer des messages à d'autres anges ou à d'autres personnes. Si vous ne me croyez pas, faites cette petite expérience. Demandez aux Archanges d'envoyer un message à votre fils ou à votre fille ou à quelqu'un dont vous êtes sans nouvelles depuis quelque temps, et demandez à ce qu'ils vous téléphonent. N'ayez pas peur de demander aux Archanges qu'ils vous prouvent ce dont ils sont capables ; cela ne les dérange pas d'être mis à l'épreuve, et ils ne vous en voudront pas. Contrairement aux guides spirituels, qui sont connus pour se rendre au Conseil et faire une scène de tous les diables lorsqu'il se produit des événements regrettables dans nos vies, les Archanges ne connaissent pas le sens du mot « fâcher ».

Les Archanges, comme les Anges et les membres des autres phylums, sont là pour nous faciliter les choses. Ils sont l'incarnation de l'amour de Dieu, et sont parmi nous parce que Dieu sait qu'il est important pour nous d'être entourés de ces messagers célestes. Nous ne devrions jamais dire « Oh, je ne pourrai jamais faire appel à un Archange ! Ils sont si évolués. » Nous pouvons et nous devons faire appel à eux et leur donner l'occasion de jouer le rôle pour lequel ils ont été créés.

La lettre de Sandra montre que les anges sont toujours à nos côtés. Lorsque nous avons le privilège de les voir et de les entendre, qu'ils aient la forme d'un ange ou d'un messager ayant forme humaine qui nous apporte un message d'espoir ou un avertissement, cela est toujours merveilleux.

Sandra m'écrit :

« Au cours de l'été 1989, je découvris un vendredi après-midi, après avoir passé un test de grossesse maison, que j'étais sur le point d'entrer dans mon troisième mois de grossesse. J'étais ravie. Mariée depuis trois ans, j'étais prête à entreprendre cette aventure. Mon médecin m'avait conseillé d'arrêter de prendre la pilule quelques semaines plus tôt, parce que je ressentais ce que je croyais être des effets secondaires indésirables. Lorsque j'annonçai la nouvelle à mon médecin le lundi matin suivant, il me demanda de venir tout de suite à son bureau, ce que je fis. Après un court examen, on m'envoya passer un ultrason. J'aurais dû me douter que quelque chose n'allait pas. De retour chez mon gynécologue, il m'informa que ma grossesse était extra-utérine, et qu'on devait immédiatement m'opérer. Sans perdre un instant, il téléphona à l'hôpital et prit rendez-vous pour le lendemain matin. Je demandai à parler à l'anesthésiste, car ma tante était morte six mois plus tôt ; l'anesthésie avait provoqué une réaction allergique et elle était morte avant même le début de l'opération.

« Je perdis rapidement conscience, mais dans l'obscurité, je vis une lumière qui se dirigeait vers moi à grande vitesse. Elle était éclatante, d'un éclat incomparable, et soudain je la vis : un ange en tout point parfait. Jamais de ma vie je n'avais ressenti autant d'amour qu'au moment où elle posa ses adorables yeux sur moi. Elle m'adressa la parole – en quelle langue ? Je ne m'en souviens pas – mais je pouvais l'entendre et elle pouvait m'entendre. Elle me dit de ne pas m'inquiéter, que tout irait bien. Elle leva les bras comme pour m'enlacer, mais il n'y eut aucun contact. Pendant un instant, je voulus la suivre et laisser égoïstement tout le monde derrière. Je remarquai que ses ailes dépassaient sa tête, et qu'elles émettaient de la lumière. Sa peau était semblable à de la porcelaine, et elle avait de magnifiques et longs cheveux blonds. Ma description ne lui rend pas vraiment justice. Je n'oublierai jamais sa beauté et la façon dont elle vint me réconforter. Après m'avoir adressé un dernier sourire, la lumière s'éloigna jusqu'à ce qu'elle disparaisse.

« Tout redevint noir à nouveau, jusqu'à mon réveil ce soir-là. La première chose que je dis à l'infirmière fut que j'avais reçu la visite d'un ange : elle esquissa un sourire et fit entrer les membres de ma famille. Tandis que je récupérais à la maison, je n'arrêtais pas de penser à elle. Je racontai mon expérience à mon mari, à ma mère et à ma sœur Patty. Ils ne m'ont pas crue à l'époque, mais je crois que leur opinion a changé depuis.

« Depuis cette expérience si chère à mon cœur, il m'arrive de temps en temps de vivre d'autres expériences de ce genre. Lorsque je suis sur le point de m'endormir, j'ai souvent l'impression que des plumes frôlent mon visage. Je me suis souvent levée pour ouvrir la lumière et voir s'il y avait quelqu'un, mais il n'y a jamais personne. Au moment de sombrer dans le sommeil, je sens qu'on me caresse et que je suis aimée. Même si je ne peux pas la voir, je sens sa présence. »

La lettre de Sandra, comme tant parmi les centaines de lettres que j'ai reçues, comprend plusieurs éléments observés par tous ceux qui ont fait ce genre d'expérience : communication télépathique et extraordinaire sensation de sûreté et de tranquillité. Il est intéressant de noter que les ailes de l'ange émettaient de la lumière. Je suis convaincue que ce type de rayonnement est en fait une émanation curative, nous offrant le réconfort de l'amour de Dieu.

Le sceptre de guérison

Comme l'illustre la lettre de Sandra, non seulement les Archanges portent des messages, mais ils sont également des outils de guérison. Lorsqu'on les appelle, les Archanges se présentent sans tarder. En fait, Francine dit qu'ils sont si rapides qu'on peut entendre un « boum » lorsqu'ils arrivent ! Ils ne sont pas supérieurs aux autres phylums, mais lorsqu'un Archange apparaît, tous les autres anges lui témoignent un grand respect.

Les Archanges portent ce que Francine appelle le bâton ou sceptre de guérison. Ce bâton vient d'un splendide bassin vert émeraude situé à l'intérieur du Palais de la Sagesse, un centre d'orientation dans l'AU-DELÀ. Lorsque quelqu'un se retrouve dans une situation difficile et les appelle à l'aide, les Archanges s'emparent de ces magnifiques bâtons verts flottant dans le bassin aux eaux cristallines, et les apportent directement à la personne. Une fois sur place, ils touchent la personne avec le bâton, au niveau du chakra du cœur.

Ce bâton de guérison miroitant est pourvu d'une magnifique boule de cristal à chaque extrémité et possède une poignée anti-glissante ornée de deux globes d'un vert quasi-cristallin d'une grande beauté. Lorsque l'Archange touche la personne au niveau du chakra du cœur, le bâton devient noir, à mesure qu'il absorbe la maladie ou la négativité de cette personne. Il est fascinant de voir ce bâton devenir d'un noir de jais lorsqu'un Archange procède à une guérison. Lorsque l'opération est terminée, l'Archange retourne au bassin, plonge le sceptre dans l'eau, et sourit tandis que le bâton reprend sa couleur originelle. Ce n'est pas que les Archanges pleurent, mais ils ont l'air sombre lorsque le bâton s'avère inutile. Ils sont si contents lorsqu'ils parviennent à guérir quelqu'un, non par fierté, mais parce que leur mission a réussi.

Si le bâton garde sa couleur verte, cela signifie que l'Archange ne peut rien faire. Le plan de vie de la personne l'a emporté sur sa requête. Toutefois, n'allez pas croire que vous êtes victime d'un sort ou d'un envoûtement ou de quoi que ce soit d'autre. Nous ne devons jamais prendre ce genre de choses en considération, voire même y penser. Certaines personnes sont incurables ou refusent d'être soignées, que ce soit au niveau subconscient ou superconscient. Nous aurions donc tort de nous sentir coupables si nous échouons à faciliter la guérison de quelqu'un, car chaque individu est libre de ses actions et possède un plan de vie qui passe, à l'occasion, avant nos propres désirs.

Les Archanges et Azna, la Mère Dieu

Aussi cruel que cela puisse paraître, la personne elle-même (ou quelqu'un capable de parler en son nom) doit demander aux Archanges d'intercéder en sa faveur. Francine a déjà entendu parler de quelques Archanges qui sont intervenus pour aider des gens à la demande d'Azna, Dieu la Mère. Chaque fois, les Archanges savaient que Dieu souhaitait que ces personnes guérissent, qu'il était écrit dans leur plan de vie qu'elles devaient guérir, ou qu'Azna avait intercédé en leur faveur afin qu'elles guérissent, et la guérison put ainsi avoir lieu. Mais la plupart du temps, la personne ou quelqu'un pouvant parler en son nom doit demander aux Archanges de procéder à la guérison. Donc, quand vous voudrez faciliter la guérison de quelqu'un (ou par exemple de toutes les personnes atteintes du SIDA), faites appel aux Archanges.

Pour ceux qui n'ont jamais lu aucun de mes autres livres, il est important de mentionner ici que toutes les religions, y compris la religion chrétienne, ont une contrepartie féminine à leurs déités masculines. Il est tout à fait ridicule de croire que Dieu n'a qu'un côté masculin, croyance qu'aucune religion majeure n'approuverait. Je suis sûre que Dieu ne se préoccupe pas du nom que nous Lui donnons, que ce soit Azara, Théodora, Sophie, Isis, etc. Dans la religion catholique, on l'appelle Marie. En Turquie, Anatole. Pour les bouddhistes, c'est la « Dame du Lotus ». Dans l'église gnostique, dont je fais partie, nous L'appelons Azna, un ancien nom gnostique pour le Dieu la Mère. Je mentionne ici son existence non seulement pour clarifier les choses, mais aussi parce que de nombreux anges répondent à Son appel.

Azna porte symboliquement une épée d'or qui, comme vous l'aurez peut-être remarqué, a la forme d'une croix. Son épée n'est pas un symbole de violence, mais plutôt le signe qu'Elle peut pourfendre les ténèbres et la négativité qui règnent sur ce monde que certains appellent une école, et d'autres, comme moi, un enfer. Lorsque nous faisons appel à Elle pour dissiper les ténèbres, Azna brandit son épée dans la direction des ténèbres, laissant derrière Elle lumière et espoir. Je vous conseille fortement, si vous désirez que vos prières soient exaucées, de les adresser à Azna. J'ai en ma possession des milliers de déclarations sous serment qui l'attestent. Les personnes qui s'adressent à Azna, ainsi qu'à Ses anges, voient leurs demandes rapidement exaucées.

Nous pouvons aussi faire appel à Azna et aux Archanges afin qu'ils nous aident dans notre vie de tous les jours. Je sais que certains d'entre vous n'osent pas demander de l'aide pour eux-mêmes. Vous avez tort, car nous ne devrions jamais avoir ce genre de scrupule. Si nous leur demandons de venir dans notre propre intérêt, Azna et ses anges viendront à notre aide.

Visites d'Archanges

La lettre de Terri nous raconte deux visites d'anges qui étaient très probablement des Archanges.

« Vers l'âge de quatre ans, mon fils tomba soudainement malade, victime de graves problèmes pulmonaires. J'étais terrifiée, mais j'avais lu que les prières d'une mère pour ses enfants sont les premières à être entendues et les plus puissantes. Je me mis donc à prier : "À présent, je veux la preuve que vous m'entendez. Je vous en prie, aidez mon fils. Nous avons besoin de tous les anges qui pourront l'aider à respirer ! Je vous en prie, aidez-le !" Nous nous préparâmes ensuite à partir pour l'hôpital, et je ne repensai plus à ma prière.

« Tandis que nous nous dirigions vers l'hôpital, notre fils regarda par la vitre de la voiture et dit : "Maman, regarde tous les anges qui viennent avec nous à l'hôpital !" Comme je ne pouvais pas les voir, il m'expliqua qu'ils étaient dans les nuages et que l'un d'eux était très beau. Au moment où nous nous garions dans le stationnement de l'hôpital, je lui demandai s'ils étaient encore avec nous. Il me répondit avec un peu d'irritation dans la voix, en levant les yeux vers les nuages : "Oui, maman. Je t'ai dit qu'ils venaient avec nous à l'hôpital !" Or, sa fièvre était tombée et sa respiration était redevenue normale en cours de route. Les médecins le renvoyèrent à la maison avec des antibiotiques. Je suppose que j'ai reçu ma preuve !

« La naissance de notre quatrième fils fut également miraculeuse. Après avoir lu l'un des livres de Sylvia, j'ai la nette impression qu'il s'agissait d'un point de sortie pour moi et l'enfant. Le médecin me demanda si je m'étais rendu compte que Dieu m'avait tenu la main sur le chemin de l'hôpital. De toute façon, durant mon séjour à l'hôpital et pendant environ quatre semaines, lorsque je fus de retour à la maison, je vis une ombre tourner autour de mon fils. Je demandais sans cesse aux gens s'ils pouvaient la voir, mais tout le monde croyait qu'on m'avait donné trop d'analgésiques. C'est alors que j'ai commencé à m'intéresser aux anges, car je crois que cet ange a aidé mon fils à récupérer plus rapidement que les médecins ne l'avaient prévu, et sans aucune séquelle. »

Guérison émotionnelle

Nous pouvons faire appel aux Archanges pour régler certains problèmes spécifiques. Si nous sommes terriblement déprimés, nous pouvons demander aux Archanges de venir et de mettre leur bâton sur notre tête. Si nous avons le cœur brisé, nous pouvons leur demander de mettre le bâton sur notre cœur. Nous pouvons aussi demander aux Archanges de mettre leur bâton sur nos enfants pour toutes les maladies qu'ils pourraient avoir. Mais la maladie n'est pas toujours physiologique, et nous ne devrions donc pas hésiter à faire appel aux Archanges lorsque nous souffrons d'une maladie mentale ou d'un trouble émotionnel.

Sierra, de la Colombie-Britannique, m'écrit :

« J'aimerais partager avec vous une rencontre avec un ange telle que mon père me l'a racontée. Le 11 septembre 2001, mon père accompagna son ami Harvey qui devait faire réparer son camping-car. Tandis qu'ils attendaient, mon père suggéra d'aller faire un tour dehors, car il faisait très beau. Une fois à l'extérieur, mon père leva les yeux au ciel et vit un ange rayonnant. Au début, il crut qu'il s'agissait d'un nuage, mais ce nuage ne changeait pas de forme et émettait une extraordinaire lumière. Une lumière comme mon père n'en avait jamais vue de semblable sur terre.

« Toujours sous l'impression qu'il avait des visions, il montra la chose à son ami qui fut également frappé de stupéfaction. L'ange demeura dans le ciel pendant plusieurs minutes. Cet événement s'est produit au moment où les avions s'écrasaient sur les tours du World Trade Center et sur le Pentagone. Lorsque mon père me raconta ce qu'il avait vu, il était à peu près certain que personne ne le croirait. Il disait que personne ne pourrait jamais le convaincre que Dieu n'existe pas. Dans mon esprit, son témoignage est l'un des messages les plus convaincants qu'il m'ait été donné d'entendre sur la puissance des anges et le réconfort qu'ils peuvent nous offrir en nous mettant en contact avec l'amour infini de Dieu. »

La lettre de Sierra contient de grandes vérités, et un merveilleux récit qui ne peut manquer de nous inspirer. Le 11 septembre, plusieurs personnes ont vu des anges dans le ciel, car, bien sûr, Dieu a envoyé ses légions d'anges pour escorter ces chères âmes jusque dans l'AU-DELÀ et apporter aux survivants un message d'espoir.

Voyage astral

Les Archanges peuvent guérir et porter des messages, mais ils possèdent également une autre corde à leur arc. Ils peuvent nous aider à sortir de notre corps et nous accompagner durant nos voyages astraux. Pour entreprendre un voyage astral – ou vivre ce que certaines personnes appellent une expérience hors du corps – nous pouvons demander aux Archanges de nous aider, car ces messagers sont souvent les premiers à se présenter et peuvent nous amener sans tarder. Même si les voyages astraux ne vous attirent pas, n'oubliez pas de faire appel aux Archanges quand vous voudrez envoyer un message ou obtenir une guérison, ou encore si vous avez besoin d'un peu d'espoir.

MÉDITATION POUR OBTENIR UNE GUÉRISON
(DES ARCHANGES)

Assoyez-vous le dos droit, la tête en équilibre sur vos épaules. Fermez les yeux. Détendez vos pieds, vos chevilles, vos mollets, vos genoux, vos cuisses et vos fesses. Détendez le haut de votre corps, vos bras, vos doigts, votre cou et votre tête.

Prenez trois respirations profondes et demandez à la blanche lumière de l'Esprit saint de vous entourer, et à l'amour de Dieu, le Père et la Mère, d'entrer dans chaque cellule de votre être. Sentez la conscience du Christ présente devant vous. À présent, visualisez les anges, grands et majestueux, avec leurs ailes déployées. Observez-les tandis qu'ils se rapprochent pour former un cercle autour de vous, comme des sentinelles de lumière. Les anges émettent une lueur perlée. Ils sont là pour vous protéger.

Quittant l'extérieur du cercle, les Archanges se rapprochent de vous, irisés d'une lueur bleutée. Vous apercevez aussitôt le bâton qu'ils tiennent à la main, semblable à du cristal et pourvu d'un globe à chaque extrémité. Les Archanges s'approchent de vous tout doucement. Si vous ressentez de la douleur ou de l'angoisse, demandez-leur de vous guérir avec leur sceptre. Sinon, laissez-les promener leur sceptre sur votre corps et absorber maladie, douleur et négativité. Restez assis calmement, et laissez la grâce et la quiétude de ce moment entrer dans votre âme.

Vous recommencez à prendre conscience, en respirant profondément. Avant de reprendre tous vos esprits, demandez aux anges de rester ou de venir chaque fois que vous aurez besoin d'eux. Puis vous reprenez conscience. Un... Deux... Trois... Quatre... Vous ouvrez les yeux, vous vous sentez extraordinairement bien.

Vous pouvez faire cette méditation aussi souvent qu'il vous plaira, mais je crois qu'elle est particulièrement efficace la nuit.

IV

Les Chérubins et les Séraphins

« *Tout à coup, il y eut, avec l'ange, l'armée céleste en masse qui chantait les louanges de Dieu et disait : "Gloire à Dieu au plus haut des cieux et sur la terre, paix aux hommes de bonne volonté."* »

— Luc 2 : 13-14

JETONS À présent un coup d'œil à deux des plus joyeux phylums angéliques, ceux des Chérubins et des Séraphins, situés aux niveaux trois et quatre de la hiérarchie des anges. Leur élément est la musique (je sais que certaines personnes ne considèrent pas la musique comme un élément de la nature, mais n'oublions pas que la nature produit sa propre musique.) Le totem ou anima de ces deux phylums est le canari, car leur but premier est de servir dans la chorale céleste de Dieu. Leur pierre, le quartz, symbolise les différentes réfractions des tons et des vibrations que l'on retrouve dans leur musique.

Les Chérubins sont un peu plus grands que les Séraphins, mais ils possèdent tous deux d'énormes et larges ailes blanches comme la neige, bordées de rose. Leurs ailes dépassent de beaucoup leur tête et se replient plus près de leur corps que les ailes des Archanges. Savez-vous que les extrémités de leurs ailes brillent ? Elles sont luminescentes, comme si elles étaient éclairées de l'intérieur. Si je devais trouver une analogie, je dirais qu'elles ont la phosphorescence de certains animaux des grands fonds. Mais la couleur de leurs ailes ne sert pas uniquement à les identifier, elle représente également leurs pouvoirs ou leur fonction. Dans un sens, ces couleurs éclatantes sont un peu comme des insignes. Dans le cas des Chérubins et des Séraphins, le rose à l'extrémité de leurs ailes représente l'amour.

La seule autre différence entre ces deux phylums est que les Chérubins sont capables de chanter, alors que les Séraphins émettent uniquement des vibrations. Lorsque leurs voix se confondent, leur chant est non seulement inspirant, mais produit une musique dont la beauté n'a pas d'équivalent sur terre.

Le chœur céleste de Dieu

Les Chérubins et les Séraphins ont été créés pour le chant et laissez-moi vous dire : quel chant ! Dans l'AU-DELÀ, leur but premier est d'occuper une structure spectaculaire appelée le Palais des Voix et d'y chanter pour remplir tous les jours l'atmosphère de leur joyeuse musique. Tandis que les autres entités de l'AU-DELÀ vaquent à leurs occupations, que ce soit dans la recherche, l'enseignement, l'orientation, l'agronomie ou dans quelque autre domaine de leur choix, elles écoutent chanter les Chérubins et les Séraphins. Francine dit qu'ils chantent si souvent que les entités de l'AU-DELÀ, même si elles ne considèrent pas vraiment que cela va de soi, sont habituées d'entendre leurs chansons en arrière-fond. Francine dit également qu'ils participent à des « répétitions ». Vous vous demandez peut-être pourquoi des anges ont besoin de répéter, puisque ce sont des êtres si évolués. En fait, les Chérubins et les Séraphins composent et apprennent sans arrêt de nouvelles musiques.

Depuis la nuit des temps, les Chérubins et les Séraphins forment le chœur des hôtes célestes. À la naissance de Jésus et lors de plusieurs autres grandes célébrations et jours de fête, les hôtes célestes étaient présents pour chanter l'Alléluia. Francine dit que tout le monde dans l'AU-DELÀ est impatient d'entendre les nouvelles chansons que ces joyeux chanteurs ont créées pour leurs célébrations.

Les célébrations de l'AU-DELÀ coïncident souvent avec les nôtres, bien qu'elles diffèrent aussi à l'occasion. Les entités de l'AU-DELÀ les appellent les « jours de grande célébration » ou « *high holy days* », une expression qu'ils ont « empruntée » à la tradition juive. En fait, « emprunter » n'est peut-être pas le bon mot. Même si dans l'AU-DELÀ l'araméen est la langue universellement parlée par télépathie, comme les entités se sont un jour incarnées sur terre avant de retourner à la Maison, elles ont en général subi l'influence de nos langues vernaculaires et adopté certains mots d'argot.

Vous vous demandez peut-être à quoi ressemble la musique de ces compositeurs célestes. Lors des jours de célébration, Francine dit qu'une extraordinaire musique pénètre à l'intérieur même de ses fibres. Selon elle, cette musique ressemble un peu au magnifique « Clair de lune » de Claude Debussy, et contient plus de mélodies que les grandes œuvres de Bach et de Mozart. Certaines de ces pièces ressemblent à des motets que personne ne peut chanter. Elles ne sont pas toujours accompagnées de paroles, et n'ont rien d'un opéra. Ces chants sont davantage des tonalités vibratoires qui pénètrent profondément dans l'âme. Les Chérubins et les Séraphins semblent connaître tous les tons et produisent des sons qu'aucun humain n'a jamais entendus. Ces sons sont de nature vibratoire, un peu comme ceux d'un diapason, mais dans une gamme de tons plus basse, et émettent une force que nous pouvons vraiment ressentir.

Après une séance de transe au cours de laquelle Francine avait décrit la musique des Chérubins et des Séraphins, je trouvai à mon réveil Mary Simonds, l'un de mes chers pasteurs, en pleurs. Son attitude m'inquiéta et je lui demandai : « Mary, est-ce que Francine a dit quelque chose qui t'a fait de la peine ?

— Non, dit-elle. Mais il m'est arrivé, il y a plusieurs années de cela, quelque chose que je n'ai jamais raconté à personne. À cette époque, j'étais abattue et j'avais l'impression que ma vie n'allait nulle part. Ce jour-là, tandis que je rentrais à la maison, j'ai levé les yeux au ciel et vu une armée d'anges en train de chanter. Je n'ai pas vraiment compris les paroles, mais je sais que je n'avais jamais rien entendu de pareil auparavant ou depuis. Ces chants ont rempli mon âme au point où je me suis mise à pleurer. Pour la première fois depuis longtemps, je me sentais en paix, réconfortée et aimée. »

Mary, croyez-moi, n'est pas du genre à fantasmer : elle a reçu une confirmation instantanée. En passant, je tiens à préciser que je ne suis jamais consciente de ce qui se passe lorsque je suis en transe. Je dois écouter l'enregistrement de la séance pour prendre connaissance des informations que Francine m'a transmises. C'est pourquoi lorsque je suis sur le point d'entrer profondément en transe, un état qui peut parfois s'avérer déconcertant, j'ai souvent l'impression que tout le monde autour de moi s'amuse et apprend de nouvelles choses… alors que moi je dois « m'absenter ».

Voix angéliques ici sur terre

L'expérience décrite par Mary Simonds est vraiment exceptionnelle. Contrairement aux autres anges auxquels nous nous sommes intéressés jusqu'à présent, peu d'êtres humains ont déjà vu ou entendu des Chérubins et des Séraphins. Parmi les centaines et les centaines de lettres que j'ai reçues de gens disant avoir aperçu un ange, je dirais qu'à peine une dizaine d'entre elles comprenaient une description de la musique produite par les Chérubins et les Séraphins. Règle générale, ces chanteurs célestes se manifestent beaucoup plus rarement que les autres anges. Il existe cependant un cas bien documenté à propos de trois enfants qui ont entendu une joyeuse musique alors qu'ils se trouvaient dans un champ.

Un autre cas bien documenté concerne un événement s'étant déroulé en Angleterre en avril 1876. Vingt personnes participaient à un pique-nique quand soudain une femme leva les yeux. Se trouvaient là devant elle des anges qui semblaient flotter à environ un mètre du sol, chantant à pleins poumons. Se demandant ce qui passionnait ainsi leur amie, les dix-neuf autres personnes se retournèrent et virent la même chose qu'elle.

Il s'est produit deux choses ce jour-là. Premièrement, parce que le taux d'humidité est très élevé en Angleterre, phénomène météorologique à l'origine des fameuses nappes de brouillard dont nous entendons si souvent parler, son atmosphère peut transmettre de puissantes forces électriques. Deuxièmement, ce pique-nique s'est déroulé à l'endroit exact où se situe le Palais des Voix dans l'AU-DELÀ. En d'autres mots, une force électrique a servi de conducteur et permis la transmission de la musique du Palais des Voix jusque dans la campagne anglaise.

Si cela vous semble quelque peu confus, permettez-moi de rappeler certains faits. Comme je l'ai expliqué dans *La vie dans l'AU-DELÀ*, la topographie de l'AU-DELÀ correspond exactement à la topographie de la terre. Les mêmes continents, montagnes, rivières, lacs, océans et forêts existent là-bas dans leur perfection originelle, de même que deux continents disparus sur terre, l'Atlantide et Lemuria. Les neuf continents de l'AU-DELÀ sont divisés en quadrants, et il se trouve que le site du Palais des Voix correspond de notre côté à celui de l'Angleterre. Donc, les conditions atmosphériques aidant, ces vingt pique-niqueurs ont pu « syntoniser » les chants angéliques qui résonnaient dans le Palais des Voix.

J'ai aussi reçu la lettre d'une femme ayant vécu une expérience similaire alors qu'elle était tranquillement assise dans sa maison. Croyant entendre quelqu'un jouer une « musique angélique », elle sortit dans l'arrière-cour et découvrit que cette musique emplissait toute la maisonnée. Bien qu'elle mentionne dans sa lettre ne pas comprendre ce qui s'est passé, il s'agissait simplement d'un phénomène de condensation atmosphérique, semblable au contact télépathique qui s'était produit en Angleterre cent ans plus tôt, qui a rendu possible la transmission de cette musique comme l'aurait fait le récepteur d'un téléphone.

Pouvoirs de guérison

Les vibrations et les qualités tonales de la musique des Chérubins et des Séraphins sont plus que belles et inspirantes : elles peuvent également être utilisées pour soigner. Si ces joyeux chanteurs quittent rarement le Palais des Voix dans l'AU-DELÀ, c'est surtout parce qu'on fait moins souvent appel à eux qu'aux anges des autres phylums. Toutefois, Francine dit que si nous les appelons, ils viendront, et elle a souvent été témoin des effets thérapeutiques de leur musique.

Étant donné que les anges savent automatiquement quel est le niveau vibratoire dont une personne a besoin pour guérir, le « chœur céleste » adopte aussitôt la vibration appropriée, ce qui contribue grandement au processus de guérison. En effet, la vibration et les tonalités de leur musique semblent avoir un effet thérapeutique sur les blocages électriques du corps humain. Francine souligne également que lorsque les Chérubins et les Séraphins chantent pendant le processus de guérison, ils montent dans le ciel en spirale au point d'apparaître comme de petits points dans l'espace. Ce fascinant effet de spirale reproduit parfaitement les deux hélices de notre ADN, tandis que leur musique pénètre dans chacune de nos cellules.

Cherie, de Washington, m'écrit :

« Il y a une vingtaine d'années, j'ai vécu une expérience que je n'oublierai jamais. J'avais dix-neuf ou vingt ans, et j'étais très déprimée, désespérément déprimée, non pas à cause d'un petit ami ou de quelque chose du genre, mais parce que je suis sujette à la dépression, ayant même connu des épisodes dépressifs alors que je n'étais qu'un bébé. Vers vingt-deux heures quinze ce soir-là, alors que j'étais étendue sur mon lit, j'entendis un son étrange. Cela ressemblait à un chant, mais ce n'était pas une chanson, plutôt comme de la musique. Je n'avais jamais rien entendu de tel auparavant. À vrai dire, ce chant était si sinistre qu'il me glaça littéralement le sang. Mon père souffrait de rhumatisme, et comme il avait le sommeil très léger, quand il arrivait à dormir, je m'attendais à ce qu'il aille voir ce qui se passait, chose qu'il n'hésitait jamais à faire lorsqu'il se produisait quelque chose qui sortait de l'ordinaire. Mais cette nuit-là, voyant qu'il n'allait pas vérifier d'où venait ce son, je demeurai étendue sur mon lit, et cela dura encore une bonne vingtaine de minutes, ou du moins c'est ce qu'il me sembla.

« Le lendemain matin, tandis que nous prenions notre petit-déjeuner, je lui demandai quel était ce son que nous avions entendu la veille. Il n'avait pas la moindre idée de ce dont je voulais parler, et prétendit qu'il était encore éveillé à cette heure-là. Je décidai donc de mener ma petite enquête (à la lumière du jour, bien entendu). Je vagabondai dans les bois pendant quelque temps (sachant qu'il existait des adorateurs du diable friands de rituels), et je me rappelle avoir pensé : *Commentosent-ils ! Si près de notre maison de campagne. Ne peuvent-ils pas trouver un autre endroit ?* Mais tandis que j'inspectai les alentours, je ne trouvai aucun bûcher où ils auraient pu faire leur sacrifice, en fait, rien du tout… uniquement des arbres et des buissons. Et pourtant ce son venait de l'extérieur de la fenêtre de ma chambre, comme s'ils avaient dressé leur campement juste en dessous !

« J'essayai donc de me convaincre qu'il valait mieux ignorer cet incident, que je n'arrivais pourtant pas à me sortir de la tête. Puis ce fut à nouveau la nuit. J'étais en train de lire, toujours sous l'emprise de cette lugubre musique, lorsque j'entendis à nouveau ce chant, à défaut d'un meilleur terme pour le décrire. Je jetai un coup d'œil à l'horloge et vis qu'il était exactement la même heure que la veille. J'avais si peur que cela me mit en colère ; je fermai les lumières et ouvris les volets de ma fenêtre, pensant les surprendre… mais il n'y avait rien, pas de feu, pas de lumières. J'ouvris la fenêtre et découvris que ce son ne provenait pas non plus de l'extérieur : *il était partout autour de moi !* Je sautai sur mon lit et me mis à écouter, et soudain, un grand sentiment de calme m'envahit. J'étais en larmes. Il n'y a pas de mot pour décrire le son que j'entendis : de la musique, oui, mais produite par des instruments de musique qui m'étaient inconnus et qui, à ma connaissance, n'existaient pas sur terre. Je me laissai donc envahir par cette musique. C'était absolument magnifique, puis cela s'arrêta. Je jetai à nouveau un coup d'œil vers l'horloge ; la musique s'était arrêtée exactement au même moment que la nuit précédente.

« La troisième nuit, j'attendis en priant Dieu pour qu'elle vienne, et elle vint, à la même heure, au même endroit. Cette fois, j'en savourai chaque seconde de chaque minute. C'était les plus belles voix qu'il m'ait été donné d'entendre – même Charlotte Church ne leur arrive pas à la cheville – personne ici ne le pourrait. Malheureusement, mon histoire s'arrête ici. Il n'y eut pas de quatrième nuit. Mais qu'était-ce ? Étaient-ce des anges qui chantaient pour moi ? Je ne les ai plus jamais réentendus, et pourtant j'ai souvent été profondément déprimée depuis. »

À la lecture de sa lettre, il ne fait pas de doute que Cherie a entendu chanter le chœur céleste des Chérubins et des Séraphins. Leur musique est sans pareille, et les entendre chanter est sans contredit l'expérience capitale d'une vie. Bien que la plupart des soins angéliques soient prodigués par les Archanges (à l'aide de leur sceptre) et les Puissances (à l'aide de leurs ailes, comme nous le verrons dans un chapitre subséquent), il arrive que les Chérubins et les Séraphins les aident en émettant des vibrations. Cela se produit surtout lorsque les patients sont en phase terminale.

Pour faire appel aux Chérubins et aux Séraphins afin qu'ils nous aident dans notre propre vie, nous pouvons utiliser la méditation suivante.

MÉDITATION POUR OBTENIR GUÉRISON ET RAJEUNISSEMENT

Prenez une position confortable, soit assis ou étendu sur le dos. Fermez les yeux. Détendez vos pieds, vos chevilles, vos mollets, vos genoux, vos cuisses et vos fesses. Détendez le haut de votre corps, vos bras, vos doigts, votre cou et votre tête.

Entourez-vous cette fois d'une lumière multicolore, aux reflets blancs, verts, bleus et couleur de corail. Imaginez que ces couleurs tournoient autour de vous, puis transportez-vous dans un magnifique immeuble de style roman, ressemblant à une cathédrale, rempli de piliers en marbre où danse et brille la lumière scintillante de milliers de cierges. Au début, vous avez peut-être la sensation d'être tout petit, mais tandis que vous avancez dans les allées de cet endroit splendide, vous sentez votre corps, votre esprit et votre âme devenir plus forts. Juste avant d'arriver à ce qui ressemble à un autel, vous voyez ces magnifiques anges. Leurs ailes resplendissent, leurs visages brillent, et ils vous regardent avec amour, compassion et compréhension.

Tandis que vous êtes là rempli d'un amour infini, vous commencez à entendre de la musique. Elle n'est pas seulement à l'extérieur de vous, mais aussi à l'intérieur. On dirait que chacune de vos cellules est remplie de ces sons merveilleux. La musique n'est pas forte, mais elle est rythmée, thérapeutique et orgasmique. Vous vous sentez plein de l'amour de Dieu et de son chœur céleste. Demeurez sur place aussi longtemps que vous le désirez, et laissez cette musique divine remplir votre âme. Puis, lentement, revenez en arrière, emportant avec vous le chant des anges.

Retournez à la cathédrale aussi souvent que vous le désirez. Vous en reviendrez chaque fois en meilleure forme et rajeuni.

V

Deux nouveaux phylums : les Puissances et les Charognes

« *Ainsi en sera-t-il à la fin du monde : les anges se présenteront et sépareront les méchants d'entre les justes.* »

— Matthieu 13 : 49

DANS *La vie dans l'AU-DELÀ*, j'avais parlé de huit phylums angéliques. Jusqu'à tout récemment, avant que Francine me transmette de nouvelles informations au cours des séances de transe exploratoire qui ont précédé la rédaction de ce livre, j'ignorais qu'il existait deux autres phylums : celui des Puissances et celui des Charognes. Dans ce chapitre, nous les aborderons à tour de rôle.

Le pouvoir de guérison des Puissances

Comme les Archanges, les anges du cinquième phylum, les Puissances, ont pour but premier de guérir. Cependant, contrairement aux Archanges, les Puissances n'ont pas besoin d'un sceptre ou d'un bâton orné de globes verts pour faciliter le processus de guérison. En fait, les Puissances n'ont besoin d'aucun artéfact ; ils utilisent simplement leurs ailes pour former une voûte au-dessus de la personne qui a besoin de leur pouvoir de guérison. Ce que les Archanges sont incapables de faire, les Puissances peuvent le faire en enveloppant littéralement la personne de leurs magnifiques ailes.

Les Puissances sont de grande taille, parfois au point d'être carrément immenses. D'autres sont de taille moyenne, mais ils ont tous la capacité de devenir énormes. Leur totem est le faucon, dont la rapidité et la persévérance rappellent le but premier des Puissances. Leur élément est la lune (la lune n'est pas un *élément* de la nature, mais une *partie* de la nature, symbolisant l'aspect féminin et maternel des choses). La pierre des Puissances est l'émeraude, une pierre qui irradie une lumière verte au pouvoir guérisseur, semblable à celle émise par le bâton des Archanges. L'extrémité de leurs ailes est d'un blanc tirant sur le vert, et semble projeter des flammes bleues électriques. Lorsque nous faisons appel aux Puissances, non seulement elles nous protègent sous la voûte de leurs ailes, mais elles envoient également une décharge électrique ou magnétique directement dans notre corps pour nous guérir.

Lorsque nous déclenchons le puissant pouvoir de guérison que je viens de décrire, nous pouvons l'utiliser pour nous protéger d'une maladie ou pour minimiser ses conséquences. La maladie n'est rien de plus qu'un point d'entrée de notre corps laissé sans surveillance. Je ne voudrais pas vous donner l'impression que je reprends à mon compte la croyance indienne (de l'Inde) disant que toute négativité est le résultat d'une mauvaise humeur qui serait entrée dans le corps, comme le ferait un mauvais esprit. Il existe un explication beaucoup plus simple.

Chaque jour de notre vie, nous devons faire face à un environnement négatif et y vivre. Bien sûr, nous possédons divers moyens de défense contre cette négativité : notre système immunitaire, notre esprit, notre énergie, nos gènes et notre mémoire cellulaire, qui contient les souvenirs de chaque cellule des corps que nous avons habités au cours de notre existence, depuis que nous avons été créés. Mais si nous n'utilisons pas nos systèmes de défense à bon escient ou si nous les négligeons, notre système immunitaire s'effondre et notre mémoire cellulaire prend le relais. Notre esprit n'est peut-être pas conscient de ce qui se passe à ce moment-là, notre niveau d'énergie et notre moral ont peut-être fléchi, et sans nous en rendre compte, nous commençons à assimiler la programmation que les autres nous imposent chaque jour. Nous entendons les gens autour de nous répéter : « Eh bien, tu as mauvaise mine aujourd'hui » ou « On dirait que tu manques de sommeil », et nous développons une maladie.

La maladie est une réalité du corps humain, mais si nous devons avoir le rhume ou la grippe, pourquoi ne pas l'avoir pendant quinze minutes au lieu de quinze jours ? Notre système immunitaire est directement relié à notre mémoire cellulaire. Lorsque nous faisons prendre conscience à notre mémoire cellulaire, qui est essentiellement douée de sensation, qu'elle peut combattre une infection, nous créons en nous de petites armées qui s'affaireront à chasser la maladie. Lorsque nous programmons notre esprit afin qu'il pense de manière positive, lorsque nous mangeons de bons aliments, et lorsque nous prenons suffisamment de repos, nous donnons des munitions à ces armées internes. Nous pouvons ensuite faire appel à nos armées externes, nos anges. Les anges ne sont pas que des messagers ; ils hâtent également notre guérison. Non seulement les anges des phylums inférieurs sont capables de nous guérir physiquement, mais ceux des phylums supérieurs, comme les Vertus et les Principautés, peuvent aussi nous guérir mentalement.

Extraordinaires histoires d'amour et de guérison

J'ai reçu tant de lettres de gens qui m'écrivent pour me confirmer qu'après avoir prié et demandé à un ange d'aller visiter un ami ou un être cher, cette personne a été guérie, a vu l'ange ou les deux. Il se produit tous les jours des miracles autour de nous si nous acceptons d'y croire. Comme l'a dit notre Seigneur, demandez et vous recevrez. Cette recommandation s'applique à toutes les situations, et c'est pourquoi nous ne devons pas oublier d'envoyer des anges aux autres ainsi qu'à nous-mêmes lorsque nous sommes dans le besoin.

R.T. m'écrit :

« Récemment, une amie à moi a connu des moments difficiles à cause de ses problèmes d'asthme. Je n'étais au courant de rien, mais comme j'avais le sentiment que quelque chose n'allait pas, j'ai demandé à Dieu d'envoyer un ange pour la protéger. Le lendemain, lorsque je lui ai parlé, elle m'a confié que durant sa crise d'asthme, un ange était entré dans la pièce et s'était assis près d'elle sur le lit. L'ange avait passé toute la nuit avec elle, et au matin, elle s'était sentie mieux. Aujourd'hui, elle est convaincue que les anges et les guides spirituels existent réellement. »

Marion m'écrit :

« J'ai vu un ange. Il mesurait environ 10 centimètres de haut, et même s'il émettait une forte lumière blanche, cela ne faisait pas mal aux yeux de le regarder. Ses ailes étaient presque aussi grandes que son corps, et il portait une robe blanche qui lui descendait jusqu'aux pieds. Il m'est apparu alors que j'étais au bout du rouleau, à une époque où j'étais presque complètement épuisée, devant aider mes sœurs à s'occuper de ma mère qui était atteinte d'un cancer du foie ; de mon père, qui faisait de l'emphysème ; et de mes deux sœurs et de mon frère, atteints du syndrome Rothmund-Thomson. Toutes ces visites chez le médecin pour des traitements, et le fait de devoir m'occuper d'autant de personnes à la fois, m'avaient totalement épuisée. J'avais du mal à trouver le sommeil, car toutes les activités de la journée ne cessaient jamais de tourner dans ma tête.

« Une nuit, alors que je faisais de grands efforts pour dire mes prières, je jetai un coup d'œil vers la porte de ma chambre et vis entrer une petite lumière blanche. Elle fit trois fois le tour du lit et s'arrêta sur l'épaule de mon mari endormi, à la hauteur de mon visage. J'eus à peine le temps de voir qu'il s'agissait d'un tout petit ange, car tandis que je le regardai, un sentiment de calme et une chaleur réconfortante m'envahirent et je m'endormis aussitôt. Puis, ce fut le matin. Pour la première fois depuis des mois, j'avais dormi à poings fermés. Par la suite, je n'ai pas revu le petit ange, mais sa visite s'est gravée dans mon esprit et chaque fois que j'y repense, elle me donne la sérénité dont j'ai besoin pour me détendre et m'endormir. Avec ce repos bien mérité, j'ai pu continuer à vaquer à mes occupations. Pour ce qui est de ma famille, j'ai toujours su comment cela finirait. Je suppose que je désirais seulement avoir assez de force et d'énergie pour m'occuper d'eux. Dieu a répondu à mes prières sous la forme d'un tout petit ange. J'espère seulement que mes sœurs ont reçu la même visite. »

Elles l'ont reçu ; tout le monde a reçu sa visite.

Même si Marion savait ce qui attendait les membres de sa famille, son expérience illustre comment un ange peut nous offrir paix et tranquillité pour nous aider à traverser un épisode douloureux sur terre. Elle confirme également qu'il existe des anges de toutes les tailles, formes, couleurs, et ayant même forme humaine. En temps ordinaire, les anges ne sont pas aussi petits, mais ils sont capables de le devenir. Ils sont en général très grands et de stature imposante, mais il leur arrive de changer d'apparence ou de taille pour s'adapter à une situation précise.

Les Charognes

Aucun autre groupe d'anges ne fait ce que font les Charognes. Ces anges du sixième phylum sont chargés d'accompagner les entités des Ténèbres lorsqu'elles meurent. Les entités des Ténèbres sont ces êtres qui se sont séparés de Dieu au début de la création. Personne ne touche aux entités des Ténèbres, à l'exception des Charognes, qui s'en saisissent littéralement et les escortent jusqu'à leur propre lieu d'attente dans la création de Dieu. La mission des Charognes consiste uniquement à se tenir loin derrière, jusqu'à ce que l'entité des Ténèbres soit prête à faire le saut dans la mort.

Les Charognes ont été créées pour protéger les autres entités, celles de notre monde et celles de l'AU-DELÀ. C'est grâce à ces anges si les entités des Ténèbres n'errent pas sur la terre après leur mort. Ce sont des esprits perturbateurs qui ne savent pas qu'ils sont morts, mais les Charognes sont là pour s'assurer qu'ils ne demeurent pas sur place. Aussitôt qu'une entité des Ténèbres a poussé son dernier soupir, les Charognes se précipitent sur elle, avec amour, puis l'amènent le plus rapidement possible vers son lieu d'attente, en la maintenant fermement et solidement. Elles n'ont pas le temps de s'arrêter en chemin, de regarder en arrière ou d'avoir la moindre hésitation. Elles sont tout à leur affaire, et pourtant, elles réussissent à faire leur travail avec amour.

Francine dit que tout le monde dans l'AU-DELÀ sait quand les Charognes sont dans les parages, car tout s'arrête, comme dans les hôpitaux lorsqu'il faut réanimer un patient d'urgence. Si une entité des Ténèbres est tombée ou morte, tous les anges et les guides font un pas en arrière pour laisser le passage aux Charognes. Si nous sommes près d'une entité des Ténèbres au moment de sa mort, nos anges vont se replier. Ils vont peut-être nous encercler pour nous protéger, mais tout s'arrête ; il règne un silence de mort dans l'AU-DELÀ jusqu'à ce que les Charognes s'emparent de l'esprit des Ténèbres et le fassent disparaître.

Les Charognes, en passant, sont de très beaux anges. Ceux-ci ne ressemblent en rien aux affreux petits gnomes dépeints dans les films. Leur totem ou anima est le corbeau, dont le plumage noir rappelle la fonction des

Charognes. Leur élément est le vent, une forme d'air qui représente la nature englobante de leur tâche : s'assurer qu'aucune entité des Ténèbres ne s'échappe. Leur pierre est l'opale, et leurs ailes sont blanches avec des teintes orangées.

Lorsque Francine m'a parlé de ce phylum angélique, cela m'a beaucoup rassurée de savoir qu'ils emportaient au loin les esprits méchants afin que nous n'ayons pas à les voir dans l'AU-DELÀ. Soyez conscient, toutefois, que Dieu, dans sa miséricorde, a voulu que toutes les entités contribuent à notre perfectionnement. S'il n'y avait pas de négatif, nous ne serions jamais sûrs que nous avançons dans la voie de la positivité. Si une entité des Ténèbres n'est pas prête à se racheter, Dieu la réabsorbe dans la masse incréée. Pour notre part, nous conservons toujours notre individualité.

Il arrive souvent que des gens me demandent s'ils ne sont pas eux-mêmes des entités des Ténèbres. Le simple fait de poser cette question montre qu'ils ne le sont pas. S'ils l'étaient, ils ne se poseraient pas la question. Les entités des Ténèbres ne se posent jamais de questions. Elles semblent croire, sans jamais manifester le moindre regret ou remords, que toutes les mauvaises actions et les gestes haineux qu'elles posent sont justifiés.

Bien des gens me demandent s'il y a des esprits maléfiques ou des entités des Ténèbres dans leur maison ou dans leur entourage, mais c'est une autre chose qui n'arrive jamais. Il s'agit soit d'une manifestation de maladie mentale, soit d'un esprit confus et attaché à la terre qui est mort et qui ne le sait pas, et qui peut dès lors démontrer des tendances suicidaires ou des signes d'impatience, de mauvaise humeur ou de méchanceté.

Ces esprits peuvent s'avérer très dérangeants à l'occasion, mais ils ne nous veulent au fond aucun mal. Ce sont des *poltergeists*, un mot allemand qui signifie « esprits frappeurs ». Je suppose que c'est la raison pour laquelle je dis toujours qu'il faut davantage craindre les vivants que les morts.

Protection contre le mal

On me demande souvent : « Est-ce que les anges viennent uniquement lorsque nous faisons appel à eux ? » La réponse à cette question est non. Les anges sont toujours près de nous, mais il est vrai qu'ils vont et viennent, contrairement à nos guides spirituels qui sont constamment à nos côtés. Néanmoins, les guides spirituels ont beaucoup plus de marge de manœuvre que les anges. Ils peuvent parler entre eux, organiser des fêtes, et discuter entre eux ou avec les membres du Conseil. Les anges ne peuvent rien faire de tout cela. Ils sont semblables à de superbes missiles que l'on envoie pour remplir une mission précise et qui ne s'en détournent jamais. Vous ne verrez jamais une Puissance faire le travail d'une Charogne, vous ne verrez jamais un Archange jouer le rôle d'un Ange ou encore un Ange prendre le sceptre aux globes verts d'un Archange. De même qu'un chat ne sera jamais un chien, les anges ne sortent jamais du cadre de leur phylum et ne dérogent jamais aux tâches qu'on leur a assignées. Donc si vous avez besoin d'une guérison, faites appel aux Puissances ou aux Archanges.

Nous avons tous nos propres anges, mais si nous demandons à d'autres anges de nous venir en aide, ils viendront… sauf les Charognes. Nous aurons beau les appeler à longueur de journée, si nous sommes des entités blanches, elles ne s'approcheront jamais de nous. Pourquoi viendraient-elles puisqu'elles n'ont aucune raison de venir ? Nous aiment-elles ? Bien sûr qu'elles nous aiment, mais nous venir en aide ne fait pas partie de leur description de tâche, à moins que nous soyons des entités des Ténèbres, car leur travail consiste exclusivement à s'occuper de ces dernières.

Toutefois, il existe une situation où une entité blanche peut faire appel aux Charognes. Si nous désirons tenir à distance une entité des Ténèbres, nous pouvons demander aux Charognes de former un écran entre nous et cette entité. Dans ces circonstances, les Charognes nous protégeront en encerclant l'entité des Ténèbres et en l'empêchant d'exercer sa mauvaise influence sur nous. Mais je n'insisterai jamais assez sur ce point : si nous sommes, nous, les entités blanches, entourées de négativité, les Charognes ne viendront pas vers nous ; elles se dirigeront vers la source de cette négativité. Les Charognes ne traitent qu'avec les entités des Ténèbres.

Faire appel aux anges pour obtenir une guérison

Il y a de cela plusieurs années, à une époque où l'hypnose thérapeutique n'en était qu'à ses débuts, l'utilisation de forces magnétiques et de courants électriques était chose courante. Le pionnier dans ce domaine était un médecin allemand du nom de Franz Mesmer, nom qui nous a donné en français le mot « mesmérisme ». Mesmer fut l'un des premiers à utiliser de l'eau conjointement avec des forces magnétiques et de l'électricité. Il était sur la bonne voie, mais il faillit électrocuter plusieurs de ses patients et passa à un cheveu d'être lynché en France pour cette raison. Il est vrai qu'il lui arrivait parfois d'avoir du succès, mais sa méthode était pour le moins archaïque.

Heureusement, nous n'avons plus à utiliser des méthodes de ce genre. Nous avons la chance de pouvoir faire appel aux Puissances et à leur force magnétique électrique de couleur bleue. En fait, nous pouvons faire appel à tous les anges dont nous avons discuté jusqu'à présent et leur demander de nous entourer dans un puissant cercle de guérison : les Anges pour la protection, les Archanges pour leur sceptre guérisseur, les Chérubins et les Séraphins pour leurs chants joyeux, et les Puissances pour leurs ailes enveloppantes. Lorsque les Archanges touchent nos corps malades avec leur sceptre curatif ; lorsque les Puissances nous entourent et émettent leur énergie bienfaisante ; et lorsque les Chérubins et les Séraphins montent en vrille en émettant leurs chants vibratoires thérapeutiques, ils déchaînent d'extraordinaires forces curatives. Voyez-vous, les ténèbres ne peuvent survivre dans un endroit où il y a de la musique. Les ténèbres ne peuvent survivre là où le pouvoir de Dieu est à l'œuvre. Les ténèbres ne peuvent se maintenir seules. Utilisez donc la méditation suivante quand vous voudrez vous entourer d'anges ou obtenir une guérison.

MÉDITATION POUR OBTENIR UNE GUÉRISON
(DE FRANCINE)

Adoptez une position confortable, propice à la méditation. Détendez vos pieds, vos chevilles, vos mollets, vos genoux, vos cuisses et vos fesses. Détendez le haut de votre corps, vos bras, vos doigts, votre cou et votre tête, et sentez la présence des anges qui commencent à se rassembler autour de vous.

Sentez l'arrivée des Anges du premier phylum qui viennent pour vous protéger. Sentez le battement de leurs ailes tandis qu'ils se rassemblent autour de vous pour former une barrière protectrice.

Sentez la présence des Archanges, ces êtres massifs, qui commencent à arriver, portant leur puissant bâton pourvu d'un globe vert à chaque extrémité. Prêtez attention à ce que vous ressentez tandis qu'ils vous touchent avec leur sceptre, en commençant par la tête, au niveau du chakra de la couronne, puis descendant le long des méridiens de votre corps. Sentez-les vous toucher tandis qu'ils tapotent doucement la région de votre troisième œil au milieu de votre front, puis descendent le long de vos yeux, de votre nez, de votre bouche et de votre gorge.

Tandis que leur bâton descend le long de votre corps, il se peut qu'ils s'arrêtent à différents endroits pour améliorer l'efficacité du processus de guérison. S'ils le font, voyez les globes verts devenir de plus en plus noirs tandis qu'ils absorbent la maladie et l'énergie négative. Les Archanges se tournent à présent vers votre dos et vos épaules, puis vers votre poitrine, s'arrêtant un instant au niveau de votre plexus solaire pour purifier ce chakra majeur. Leur sceptre curatif descend toujours le long de votre corps, passe au-dessus de votre tronc, de votre ventre, de vos organes reproducteurs, puis encore plus bas, sur vos jambes, vos genoux, vos chevilles et vos orteils, purifiant tout votre corps.

Sentez à présent la présence des Chérubins et des Séraphins tandis qu'ils créent un gigantesque tourbillon de musique autour de vous. Leur chant, même si vous ne l'entendez pas, s'infiltre dans vos cellules avec toutes ses merveilleuses qualités tonales et vibratoires. Tous les Chérubins et les Séraphins connaissent votre tonalité, celle qui fera résonner tout votre corps.

À présent, faisons appel à tous les anges, porteurs de l'énergie de leur totem et de leurs perles, aigues-marines, quartz et émeraudes. Appelez les Puissances, fièrement dressées avec leurs grandes et magnifiques ailes. Les Puissances se rassemblent à présent autour de vous. Elles entourent la pièce ou l'endroit où vous vous trouvez, mais elles entourent également votre corps de leurs ailes qu'elles déploient un peu comme une tente au-dessus de vous. À présent, elles commencent à émettre leur charge électrique, et vous voyez ou sentez les arcs bleus d'énergie qui entrent dans votre corps. Vous ne ressentez aucune douleur, mais vous sentez que cela vous purifie, comme une charge électrique qui voyagerait de haut en bas dans votre corps, vous lavant de toute douleur, angoisse, souffrance, infection virale et maladie. Sentez vos organes vitaux se régénérer et se raccommoder.

Les Puissances se mettent à présent à battre des ailes. Vous sentez le bruissement de leurs ailes et vous entendez peut-être même leurs battements. Elles entrent à présent dans votre mémoire cellulaire et votre esprit subconscient, ramenant à la surface les souvenirs d'une vie passée ou d'un incident qui aurait pu causer la maladie ou la douleur dont vous souffrez. Elles font prendre conscience aux cellules de votre corps que cela s'est passé dans une autre vie et que cette expérience n'est plus valide ici et maintenant. Revivez cette vision ou cette impression, absorbez-la entièrement, et prenez conscience de ce qu'elle est vraiment. [Si vous enregistrez vous-même ce texte, laissez ici un espace blanc sur votre cassette pour cette expérience.]

À présent, libérez-vous de cette expérience ou de cette maladie passée tandis que l'énergie des Puissances l'efface de votre esprit et de vos cellules. Libérez-vous-en.

Sentez à présent la chaleur de ces ailes et de cette douce brise, bercé par l'amour de Dieu. Appréciez la beauté de ce moment tandis que des multitudes et des multitudes d'anges s'affairent autour de vous, vous soignant et vous protégeant. Ils ont été envoyés par Dieu pour vous aider. Sentez ce courant électrique qui parcourt votre corps. Cédez à ce courant. Il ne vous fera aucun mal, et vous serez peut-être surpris de sentir ce courant dans une région de votre corps que vous aviez cru sans problème. Ne le repoussez pas ; ils savent mieux que vous ce dont votre corps a besoin, que ce soit votre système lymphatique, vos glandes endocrines, votre cœur, vos poumons. Laissez-les faire leur travail.

À présent, les Puissances se relèvent lentement et reculent d'un pas comme des sentinelles. Elles replient leurs ailes derrière elles et se tiennent immobiles, immenses et puissantes. Tandis qu'elles se tiennent à vos côtés, vous commencez à vous réveiller, à reprendre vos *esprits. Vous vous sentez merveilleusement bien, mieux que vous ne vous êtes jamais senti. Au compte de trois, reprenez conscience. Un… Deux… Trois.*

Utilisez cette méditation pour contrer toute maladie ou trouble dont vous pourriez souffrir. Vous pouvez vous attaquer à n'importe quelle maladie, en réduire la durée ou vous en débarrasser complètement. Si vous croyez que votre état de santé s'est amélioré, s'il vous plaît, consultez votre médecin afin qu'il puisse le confirmer.

VI
Les Vertus

« *Alors que les Anges, quoique supérieurs en force et en puissance, ne portent pas contre elles devant le Seigneur de jugement calomnieux.* »

— 2 Pierre 2 : 11

LE SEPTIÈME phylum angélique, celui des Vertus, est représenté par une colombe, symbole de paix, d'amour et du Saint-Esprit de communication issu de Dieu le Père et Dieu la Mère. Leur pierre, l'argent, se reflète dans la couleur de leurs ailes, dont les extrémités sont d'un bleu argenté luminescent. Le but premier des Vertus est de nous aider avec le plan de vie que nous avons élaboré dans l'AU-DELÀ avant de nous incarner sur terre. Leur élément est l'eau, symbole de flexibilité et de changement (leur tâche étant de modifier nos plans de vie lorsque cela est nécessaire.)

Lorsque nous élaborons notre plan de vie, nous choisissons le moment de notre naissance, notre signe du zodiaque, nos parents, nos enfants et nos amis, le lieu où nous vivrons, et les événements majeurs reliés à nos thèmes de vie (les facettes de nous-même que nous voulons parfaire au cours de notre existence), et ce n'est là que la pointe de l'iceberg ! Chacun d'entre nous possède un thème principal et un thème secondaire, choisis dans une liste de quarante-cinq possibilités. Ces thèmes déterminent essentiellement ce dont notre vie sera faite, et par la suite toute notre vie tournera autour d'eux. Vous trouverez ci-dessous la liste de ces thèmes. Examinez-la et tâchez de découvrir quels sont les deux thèmes qui résument le mieux votre vie actuelle. (Je ne veux pas entrer ici dans les détails, car j'ai déjà traité de ces matières dans mes ouvrages précédents. Si vous désirez en apprendre davantage sur les thèmes de vie et comment ils nous influencent, consultez mon livre *La vie dans l'AU-DELÀ*, publié chez le même éditeur.)

Les thèmes de vie

L'activateur	L'humanitaire	Le persécuteur
L'amuseur	L'infaillibilité	Le persécuté
L'analyste	L'intellectualité	Le pion
Le bâtisseur	L'irritant	Le porte-étendard
Le catalyseur	La justice	La quête
Le conciliateur	La légitimité	esthétique
Le contrôleur	Le manipulateur	Le rejet
Le dominateur	Le médium	La responsabilité
L'émotivité	Le meneur	Le sauveteur
L'expérimentateur	Le militant	Le solitaire
La faillibilité	Le partisan	La spiritualité
Le gagnant	La passivité	La survie
Le guérisseur	La patience	La tempérance
Le guerrier	La pauvreté	La tolérance
L'harmonie	Le perdant	La victime

Dans l'AU-DELÀ, étant dans un état de béatitude et voulant nous parfaire pour plaire à Dieu, nous choisissons parmi ces différents champs d'étude. Je sais ce que vous pensez, car moi aussi j'y ai pensé : *Où avais-je la tête lorsque j'ai décidé de souffrir autant au cours de cette vie ? Pourquoi ai-je choisi un thème aussi difficile ?* Ce que nous ne comprenons pas toujours, c'est que le simple fait de survivre à notre vie est parfois suffisant. Je crois sincèrement que cette vie est le seul enfer que nous ne connaîtrons jamais, et qu'après cette étape de perfectionnement, nos âmes glorifient le Seigneur. Avec le temps, j'ai finalement compris qu'il faut souffrir pour s'améliorer.

Nous avons tous besoin d'aide pour parfaire nos thèmes et mettre en œuvre nos plans de vie, car ils sont souvent beaucoup plus complexes que nous ne l'avions imaginé. Nos guides spirituels, le Conseil et nos anges, et en particulier les Vertus, sont là pour nous aider à tirer le maximum de cette vie, pour l'amour de Dieu.

Comment les Vertus peuvent nous aider avec nos plans de vie

Dans L'AU-DELÀ, les Vertus nous aident principalement à mieux comprendre notre plan de vie avant que nous nous incarnions. Juste avant d'entreprendre notre nouvelle vie, nous nous isolons pour méditer et pour passer une dernière fois en revue ce que nous voulons accomplir. C'est à ce moment que les Vertus entrent en scène pour nous aider. Personne ne peut venir nous déranger pendant cette période d'isolement à l'exception des Vertus, qui jouent en quelque sorte le rôle de sentinelles, stationnées devant le point d'entrée de notre nouvelle incarnation. Notez qu'elles ne sont pas impliquées dans l'élaboration de notre plan de vie ; cette tâche revient à nos guides spirituels et aux membres du Conseil.

Les Vertus nous aident donc à revoir nos plans de vie une dernière fois avant que nous nous incarnions. C'est un peu comme se préparer à partir en voyage et avoir l'occasion d'apporter des changements de dernière minute. Il se peut que nous disions à la gardienne : « N'oubliez pas d'arroser les plantes et de nourrir le chat », ou que nous décidions de retrancher ou d'ajouter un site touristique à notre itinéraire pour sauver du temps ou parce que nous passons dans les environs. Il se peut que ces changements soient minimes, mais il se peut aussi que nous remarquions des points de détail qui nous avaient échappé jusque-là.

Les Vertus, contrairement à nos guides spirituels et aux anges des autres phylums, ont le pouvoir d'apporter des modifications à notre plan de vie sans devoir aller devant le Conseil pour les faire approuver. Lorsqu'elles nous aident à nous préparer à notre venue sur terre, les Vertus peuvent nous demander : « Êtes-vous sûr ? Voulez-vous changer quelque chose ? Voulez-vous modifier votre plan de vie ? Souhaiteriez-vous prolonger certains épisodes ? » Toutefois, elles n'apporteront jamais de changements à des événements importants que nous avons choisi de vivre, qu'il s'agisse d'une rencontre avec une personne qui nous influencera énormément ou d'un accident de voiture au cours duquel nous serons gravement blessés. Les Vertus n'ajouteront ni ne retrancheront aucun point majeur à notre plan de vie, bien qu'elles aient le pouvoir de les modifier.

Prenons, par exemple, le choix d'un accident. Le meilleur moment pour modifier notre plan de vie est juste avant que nous nous incarnions, alors que les Vertus sont toujours avec nous dans l'AU-DELÀ. C'est alors que nous sommes le plus à même de dire : « D'accord, j'ai planifié un accident où j'aurai la jambe cassée, car j'ai besoin de repos et je ne sais pas comment faire autrement pour y arriver. Mais j'ai changé d'idée et décidé que je n'ai pas besoin d'autant de repos. Au lieu d'une jambe cassée, je me foulerai simplement la cheville. »

En d'autres mots, nous pouvons modifier un événement – sans pour autant changer l'action elle-même – en changeant une partie mineure de celle-ci. Nous pouvons changer le niveau de douleur ou la durée de notre convalescence, mais nous n'éliminons pas complètement l'accident ou l'occasion d'obtenir un repos bien mérité.

Voici un autre exemple montrant comment les Vertus peuvent nous aider à rectifier notre plan de vie. Disons que j'ai planifié d'avoir un QI de 120 au cours de ma prochaine vie. Par la suite, je me rends compte que pour occuper l'emploi qui m'intéresse, j'aurai besoin d'un QI de 145 ou 150. Les Vertus, après avoir révisé avec moi mon plan de vie, tenteront peut-être de me convaincre qu'un QI de 160 serait plus approprié pour accomplir ma mission sur terre. Parce qu'elles se préoccupent de notre bien-être et de notre réussite, les Vertus discuteront avec nous de leurs recommandations, puis apporteront les changements qui s'imposent. En temps normal, les Vertus sont les dernières créatures de Dieu que nous voyons avant de nous incarner, des êtres magnifiques qui nous transmettent l'amour de Dieu le Père et Dieu la mère au moment où nous entreprenons notre voyage.

Comment modifier notre plan de vie ici sur terre

Comme je l'ai dit, la meilleure occasion de modifier notre plan de vie se présente avant notre incarnation, mais nous pouvons aussi modifier plus tard certains événements, même si nous sommes déjà sur terre, comme l'illustre l'histoire suivante.

Valérie m'écrit :

« Aujourd'hui encore, je crois sincèrement que m'a vie a pris une autre direction grâce à l'intervention d'un ange ayant forme humaine. Cela s'est produit au mois de mars 1996, sur l'île de Gozo, près de Malte. Les événements qui ont découlé de cette première rencontre ont changé ma vie pour toujours.

« Par un après-midi de grand vent, alors que je me trouvais dans ma boutique en train de parler au téléphone, je vis entrer un homme et une femme. L'homme ressortit aussitôt, mais pas la femme, qui demeura à l'intérieur. Elle était très belle, belle comme un ange, et avait un port de reine. Elle s'approcha de moi, et se mit à me parler de ma boutique. Puis elle me demanda à brûle-pourpoint si je savais ce qu'était un "médium". Je lui répondis par l'affirmative, mais j'ajoutai que je n'avais jamais consulté de médium. Soudain, sans vraiment comprendre pourquoi, je lui demandai si elle pouvait m'aider. Elle me répondit : "Je suis venue pour cela."

« Au cours de l'heure qui suivit, elle me parla de ma vie et m'apprit que je courais un grave danger. Elle me transmit les messages de parents qui étaient décédés, et me confirma mes pires craintes. Mais elle me redonna aussi espoir et me prodigua des conseils, comme je n'en ai jamais reçus depuis. À partir de cette rencontre, je retrouvai la flamme et entrepris un long cheminement afin de reprendre ma vie en main, et ce faisant, laisser derrière moi le mal qui l'avait envahie. Pendant sa visite, personne n'était entré dans ma boutique. Lorsque je le lui fis remarquer, elle me répondit : "Bien sûr que non ; j'essayais de te sauver la vie." Lorsque je lui demandai pourquoi elle était venue précisément ce jour-là, sa réponse fut : "Dieu m'envoie toujours là où on a le plus besoin de moi." Je sais qu'on m'a sauvé la vie ce jour-là, et que je dois cette seconde chance à un parfait étranger. »

De toute évidence, l'ange décrit par Valérie connaissait bien son plan de vie. Contrairement aux anges présents dans la plupart des récits regroupés dans ce livre, la femme qui est entrée dans la boutique de Valérie semblait parler avec une voix humaine plutôt que par télépathie. Dans ce cas précis, il se peut que les informations concernant le plan de vie de Valérie aient été transmises par une Vertu au guide spirituel de Valérie ou à un autre ange ayant adopté forme humaine le temps de transmettre le message. Au fond, cela n'a pas beaucoup d'importance, car en bout de ligne, le message vient toujours d'un Dieu d'amour.

Comité d'accueil dans l'AU-DELÀ

Normalement, les Vertus ne descendent pas sur terre. Leur fonction est de nous aider dans l'AU-DELÀ avant que nous n'entreprenions notre nouvelle vie. Toutefois, les Vertus (de même que les Dominations et certains autres anges) viennent nous accueillir à l'autre bout du tunnel lorsque nous retournons dans l'AU-DELÀ. Elles vont même parfois se masser le long du tunnel, et Francine dit qu'elle les a déjà vues faire les deux tiers du chemin pour accueillir une âme qui rentrait à La Maison. Les Vertus vont généralement se masser le long du tunnel pour accueillir une personne possédant de grandes capacités spirituelles, non pas parce que cette personne occupe un rang particulièrement élevé, mais pour témoigner leur respect à cette entité qui a vécu de grandes choses sur terre. De tous les phylums, les Vertus sont les seules à former une ligne le long du tunnel, où leur vif éclat lumineux contribue à l'intensité de cette lumière si souvent décrite par les gens qui ont vécu des expériences de mort imminente. Une fois que nous avons traversé le tunnel, nous pouvons voir les Trônes, les Principautés, les Dominations et tous les anges des autres phylums.

Melissa m'écrit au sujet d'un ange qui lui est apparu et qui lui a apporté une grande paix au moment où sa grand-mère rendait l'âme :

> « J'ai vécu une expérience étrange, mais je ne suis pas sûre qu'il s'agissait d'un ange. Lorsque ma grand-mère est décédée, j'ai vu à ses côtés une femme affichant un large sourire, vêtue d'une robe blanche qui flottait autour d'elle. Tout était d'un blanc immaculé. La femme est demeurée silencieuse, se contentant de sourire, et j'ai compris que tout irait bien. Quelle paix cette merveilleuse vision a su apporter à mon cœur et à mon esprit ! »

Une lettre similaire m'est venue de Pat qui m'écrit :

« J'aimerais vous raconter une conversation que j'ai surprise entre ma mère et son amie. Ma mère me téléphona un matin dans un état de grande excitation. Elle me parla d'une femme qui avait passé la nuit à côté de son lit et me raconta que la beauté et l'amour qu'elle avait vus dans son visage étaient quasiment indescriptibles. Elle ajouta qu'elle était convaincue que cette personne était un ange. Ma mère était gravement malade à cette époque. Selon elle, l'ange n'avait pas remué une seule fois les lèvres ; toutefois, cet ange lui avait expliqué qu'elle s'en sortirait, mais qu'elle devrait être courageuse.

« Quelques jours plus tard, alors que ma mère discutait avec une amie, elle demanda à celle-ci s'il lui était déjà arrivé de voir en rêve des anges, car ma mère était convaincue d'en avoir vu un. Et effectivement, son amie lui confia qu'elle avait vu quelques jours plus tôt un groupe d'anges rassemblés autour de son lit au moment où elle allait s'endormir. Ces anges étaient majestueux et très beaux, selon elle. Je regardai alors ces deux femmes et vis qu'elles avaient l'air extraordinairement serein. Nous ne revîmes jamais cette amie de ma mère, car elle mourut trois jours plus tard. Elle m'avait même dit que nous nous reverrions le mercredi suivant. Et elle ne s'était pas trompée… le mercredi suivant, nous assistions à ses funérailles.

« Mais revenons à ma mère. Comme je le disais, elle était malade depuis très longtemps et souffrait de problèmes cardiaques. Je crois que l'ange, en lui disant de prendre courage et en lui rappelant qu'elle n'était pas seule, avait voulu la préparer à la mort inattendue de son amie et à celle de sa sœur jumelle, qui survint deux mois plus tard. Ma mère avait souffert de sa maladie pendant plusieurs années et perdu tous ses amis, y compris cette amie et sa sœur, les deux personnes qui lui tenaient le plus à cœur. À présent, elle était seule. Je crois toutefois que cet ange était avec elle lorsqu'elle mourut quinze mois plus tard. »

Les anges se manifestent en effet pour nous apporter consolation et réconfort, mais aussi pour nous apprendre que la vie continue dans l'AU-DELÀ. Soyez assuré que la mère de Pat, ses amies et ses êtres chers sont vivants et en bonne santé dans l'AU-DELÀ, et que leurs anges étaient là pour les accueillir chaleureusement. Nous vivrons tous cette expérience un jour. En attendant, lorsque nous avons besoin d'aide avec notre plan de vie ou pour régler un problème, vaincre une maladie ou sortir d'une situation difficile, nous pouvons utiliser la méditation suivante pour faire appel aux Vertus.

MÉDITATION POUR OBTENIR DE L'AIDE DANS LES MOMENTS DIFFICILES OU POUR CORRIGER NOTRE PLAN DE VIE

Assoyez-vous ou étendez-vous confortablement dans une position méditative. Fermez les yeux. Détendez vos

*pieds, vos chevilles, vos mollets, vos genoux, vos cuisses
et vos fesses. Détendez le haut de votre corps, vos bras,
vos doigts, votre cou et votre tête. Prenez trois
respirations profondes, entourez-vous d'une lumière
dorée, et récitez la prière suivante :*

*Mon Dieu, mon Père et ma Mère, envoyez-moi s'il
vous plaît vos anges afin qu'ils m'aident à* _____
[énoncez votre requête], *car je veux accomplir ce que
j'ai planifié, mais je Vous demande d'intercéder en ma
faveur en ces temps de maladie, de désespoir ou de
chagrin. Laissez vos anges venir à moi et veiller sur moi.
Libérez-moi de mes douleurs et de mes souffrances, et
aidez-moi à voir la lumière au bout de ce long tunnel.
Redonnez-moi la santé et aidez-moi à mieux comprendre
ce qui se passe dans ma vie.*

Demeurez étendu et réfléchissez non seulement à
votre problème, mais aussi à sa résolution. Les anges
demeureront postés autour de votre lit et vous protègeront
du mal.

Relevez-vous ou, mieux encore, laissez-vous tomber
dans les bras de Morphée.

VII

Les Dominations

« Alors que veillent sur vous des gardiens, nobles scribes. Ils savent ce que vous faites. »
— Coran 82 : 10-12

LES DOMINATIONS, les anges du huitième phylum, supervisent nos bonnes actions et les notent dans un registre permanent appelé archives Akashiques. Chaque personne, depuis la nuit des temps, possède ses propres archives Akashiques. Ces archives individuelles, une fois regroupées, forment les énormes archives Akashiques, contenant les faits et gestes de toute la création. Certaines personnes appellent ce document « le livre » ou « le parchemin » ; pour ma part, je préfère l'appeler le « Livre de la Vie ». Mais peu importe le nom que nous lui donnons, il est important de savoir que tous nos faits et gestes sont notés et immortalisés par les Dominations.

Vous vous demandez peut-être comment il est possible qu'un livre soit assez volumineux pour contenir tout cela. Personne ne peut expliquer comment un simple volume peut renfermer toutes les archives de toute la création, mais Francine nous assure que ce livre existe bel et bien. Elle compare cela au principe voulant que cent anges puissent s'asseoir sur la tête d'une épingle. Dans l'AU-DELÀ, le temps, l'espace et les lois de la physique ne sont pas les mêmes qu'ici-bas ; il n'y a aucune limite de temps ou d'espace.

De tous les anges, les Dominations comptent parmi les plus actifs et font partie d'une élite, du moins à ce qui a trait à l'assiduité. On pourrait dire qu'ils forment une sorte d'intelligentsia céleste. Leur totem est le couguar, symbole de force et de dignité. Leur élément est la terre, car ils ont les deux pieds sur terre et notent tout ce qui s'y passe. La couleur de leur pierre, l'héliotrope, symbolise le sang de la vie et correspond à celle de leurs ailes qui sont blanches teintées de marron.

Comment les Dominations aident nos guides

Les Dominations aident nos guides de deux façons. Tout d'abord, elles ont la capacité de déterminer quel phylum angélique nous sera le plus utile pour régler un problème particulier (et elles ne se trompent jamais). Ensuite, elles ont un accès direct à nos plans de vie et peuvent répondre instantanément à toutes les questions de nos guides.

Les Dominations peuvent mobiliser des armées d'anges simplement en claquant des doigts, mais ce sont nos guides qui font appel aux différents phylums angéliques lorsque nous sommes dans une situation difficile. Ce n'est pas que nos guides soient considérés comme inférieurs aux Dominations. En fait, si nous les mettons à l'épreuve – et les Dominations ne m'en voudront pas de vous dire cela – nos guides auront toujours le dessus sur n'importe quel ange et leur avis aura toujours préséance, car ils ont une meilleure vue d'ensemble de notre vie et ont déjà vécu dans notre plan. Les anges, de leur côté, ne se sont jamais incarnés, et bien qu'ils ne soient que pur amour, ils ont tendance à se concentrer davantage sur les buts pour lesquels ils ont été créés. Ils ont des tâches spécifiques à remplir dans l'AU-DELÀ et ne sont pas humanisés au même degré que nos guides.

En temps normal, les Dominations, comme les Vertus, ne descendent pas dans notre plan d'existence. Remarquez qu'ils ne se déplacent pas vraiment davantage dans l'AU-DELÀ, préférant la plupart du temps demeurer dans leur propre quadrant. Pour ceux qui n'ont pas lu mes précédents livres, laissez-moi vous expliquer brièvement ce qu'est un quadrant.

Comme vous l'avez appris plus tôt, l'AU-DELÀ possède les mêmes caractéristiques géographiques que la terre, à l'exception des océans, qui ne sont pas tout à fait aussi étendus. Chacun des nos continents y est reproduit et divisé en quatre régions ou quadrants distincts. Mais ce que vous ignorez peut-être, c'est que cette division en quadrants n'a qu'un seul but : elle a été conçue pour permettre la spécialisation des diverses occupations auxquelles se consacrent des entités dans l'AU-DELÀ. En d'autres mots, l'élevage des animaux peut se dérouler dans un quadrant, la recherche dans un autre, et l'enseignement dans un troisième.

Ici sur terre, toutes les régions du globe correspondent à l'un de ces quadrants, peu importe où nous vivons. Chaque Domination est assignée à un quadrant particulier, où elle est responsable d'enregistrer les vies de toutes les entités qui y vivent. Comme les Dominations sont toujours en contact les unes avec les autres, si nous déménageons ou voyageons dans une autre région, les Dominations de ce nouveau quadrant vont simplement reprendre là où les autres avaient laissé.

Comme les membres du Conseil, les Dominations ont facilement accès à nos plans de vie. Les Dominations transmettent directement les informations qu'elles détiennent à tout esprit ou guide qui pourrait avoir besoin d'aide pour guider ceux dont ils ont la charge. Pour des raisons de protocole, les guides qui veulent glaner de l'information vont parfois se tourner vers les Dominations plutôt que d'aller directement devant le Conseil. Nos guides hésitent parfois à déranger le Conseil pour obtenir des détails mineurs, quoique Francine dit qu'il lui arrive aussi de consulter les Dominations pour des problèmes majeurs.

Si elle est vraiment préoccupée par quelque chose, elle ira directement devant le Conseil, mais s'il s'agit de mettre ses connaissances à jour ou d'en apprendre davantage sur un sujet, elle peut aller voir les Dominations et leur demander ce qu'elle devrait faire. Les guides spirituels consultent également les Dominations lorsqu'ils ont besoin d'un coup de main pour régler différents problèmes, qu'ils soient d'ordres financier, physiologique, personnel, etc. Puisque les Dominations sont les gardiens de nos archives et de nos plans de vie, elles peuvent souvent offrir de l'aide dans une situation particulière.

Même si nos guides connaissent bien nos plans de vie, les choses vont parfois de travers. Lorsque nous nous trouvons devant un danger imminent ou dans une situation d'urgence, nos guides n'ont pas toujours le temps de fouiller dans nos archives personnelles. Et franchement, éplucher nos plans de vie peut s'avérer une tâche laborieuse, un peu comme lire l'annuaire téléphonique. Ils sont remplis d'infimes détails et d'allusions multiples, et si notre guide est pressé, il n'aura probablement pas le temps de passer tout cela au crible. Dans ces cas-là, le guide peut se tourner vers les Dominations pour obtenir une réponse instantanée à n'importe laquelle de ses questions. Si le guide veut seulement savoir comment cela va se terminer, il peut demander : « Que va-t-il arriver à cette personne ? S'agit-il d'un point de sortie ? La personne dont j'ai la charge est-elle en danger ? » Comme nos guides spirituels les consultent fréquemment, les Dominations ont toujours nos archives individuelles à portée de la main. Munis des réponses offertes par les Dominations, nos guides peuvent alors devenir ce que j'appelle des « esprits souffleurs », qui s'infiltreront dans nos esprits et nous aideront à revenir dans le droit chemin.

Cet arrangement sophistiqué est plus efficace que n'importe quel système de sécurité. Il surpasse même les services de renseignements et les processus de décodage les plus complexes. Si quelque chose perturbe notre plan de vie, nos guides feront tout en leur pouvoir pour corriger cette situation ou trouver une alternative qui nous permettra de retrouver la voie que nous avions choisie.

Parfois, dans le feu de l'action, il leur arrive de ne pas voir plus loin que le bout de leur nez. Lorsque cela se produit, ils doivent s'arrêter, même s'ils jouissent d'une mémoire phénoménale, et s'ajuster ou se réajuster à nos plans de vie. En un sens, la relation que nous entretenons avec nos guides ressemble beaucoup à une relation amoureuse. Ils nous veulent tellement de bien qu'ils se laissent parfois entraîner par leurs désirs et peuvent réagir de manière émotionnelle lorsque nous éprouvons de la douleur ou lorsque nous souffrons. De plus, parce qu'ils ont un pied dans notre dimension et un pied dans l'AU-DELÀ, ils absorbent de la négativité du simple fait d'être en contact avec notre *propre* négativité. Par conséquent, ils doivent régulièrement être purifiés par le Conseil.

S'ils n'étaient pas jusqu'à un certain point humanisés, ils ne nous seraient d'aucune utilité. Occupent-ils un rang élevé ? Bien sûr. Sont-ils sanctifiés ? Absolument. Mais pour nous venir en aide, ils doivent être capables de comprendre les obstacles auxquels nous serons confrontés au cours de notre vie.

Le processus d'orientation

Comme je l'ai mentionné plus tôt, les Dominations prennent en note tous nos faits et gestes, et en particulier nos bonnes actions. Leur travail nous est très utile, car ces archives nous sont d'une aide précieuse lorsque nous retournons dans l'AU-DELÀ.

Lorsque nous quittons cette vie, nous devons traverser un tunnel menant à une vive lumière. Pour la plupart d'entre nous, il s'agit d'un processus familier : nous avons emprunté ce tunnel à maintes reprises, car nous avons vécu plusieurs vies. À notre sortie du tunnel, nous sommes attendus et accueillis par nos êtres chers, nos guides et nos anges. Dans l'AU-DELÀ, tout le monde est heureux, rempli d'une joie sereine et jouit d'un bonheur complet grâce à Dieu le Père et Dieu la Mère. Lorsque l'un d'entre nous retourne dans l'AU-DELÀ, il se sent aussitôt enveloppé par cette merveilleuse atmosphère de bonheur.

Après les célébrations d'usage marquant notre retour à La Maison, nous allons au Palais de la Justice ou au Palais de la Sagesse (deux édifices des plus spectaculaires) pour revoir la vie que nous venons de compléter sur terre. Ce processus s'appelle « orientation ». Tout le monde doit se soumettre au processus d'orientation après une incarnation. Pendant que nous sommes en orientation, nous revoyons la vie que nous avons vécue, puis nous sommes réorientés dans l'AU-DELÀ, généralement avec le concours de nos guides, maîtres ou conseillers.

Pour faire le bilan de notre vie, nous utilisons ce que Francine appelle un « scanner », un appareil qui ressemble en fait à un téléviseur, nous permettant de nous voir et de nous entendre. Toutefois, contrairement à un téléviseur, le « scanner » nous permet de revoir n'importe quelle période de la vie que nous venons de vivre. Nous pouvons voir nos actions, nos réactions et les myriades d'émotions dont nous avons fait l'expérience au cours de cette vie. Nous décidons ce que nous voulons revoir et à quel rythme nous voulons le revoir. Ce choix est entièrement le nôtre, et nous sommes les seuls à porter un jugement sur notre vie. Contrairement à la croyance populaire, personne n'est là pour nous juger dans l'AU-DELÀ. Il n'y a que nous pour applaudir ou siffler ce que nous avons fait, si nous choisissons de le faire.

C'est à ce moment-là que le travail des Dominations entre véritablement en jeu. Étant en charge de nos archives, les Dominations ont pris en note au cours de notre existence les événements qui ont ponctué notre vie, en se concentrant sur nos bonnes actions. Ces faits et gestes sont inscrits en lettres d'or sur un magnifique parchemin (un parchemin pour chacun d'entre nous). Notre parchemin est d'usage privé, et la population n'a pas le droit de le consulter. Il arrive souvent que nous nous mettions à nous déprécier durant ce processus d'orientation. C'est alors que les Dominations sortent ce magnifique parchemin et nous disent : « Vous croyez avoir mené une si mauvaise vie. Voyez toutes les bonnes actions que vous avez faites. »

Ce rappel de nos bonnes actions nous aide beaucoup, surtout si nous nous sentons coupables ou attristés. Je ne connais pas un seul être humain – à moins que la personne ait un ego démesuré ou complètement dévié de son plan de vie – qui n'ait entrepris ce processus d'orientation sans éprouver certains regrets. À quelques exceptions près, presque tout le monde s'exclame : « J'aurais pu faire mieux, j'aurais dû faire mieux, je regrette de ne pas avoir su faire mieux. » Heureusement, grâce aux Dominations, nous possédons un compte-rendu de toutes nos bonnes actions, ce qui nous évite de subir un trop grand traumatisme, car elles peuvent nous dire : « Voyez, voici ce que vous avez fait ; voici le compte-rendu positif de votre vie. » Ce compte-rendu positif nous aide à prendre du recul par rapport à notre vie, afin que nous puissions tirer les leçons de nos expériences négatives et enrichir nos âmes grâce à ces nouvelles connaissances.

Hérauts des âmes en transit

Il existe une multitude de Dominations, plus qu'il n'en faut pour prendre en note la vie de toutes les entités sur terre. Les Dominations sont également ce que nous pourrions appeler les « hérauts des âmes en transit ». Elles se tiennent à la fin du tunnel et accueillent les âmes qui viennent d'arriver dans l'AU-DELÀ. Lorsque les gens voient des anges, que ce soit sur leur lit de mort ou lors d'un voyage astral, il s'agit la plupart du temps de Dominations.

Sheila, de la Caroline du Nord, m'écrit :

« Lorsque mon mari, Butch, a quitté ce monde, j'ai eu la chance de voir la multitude d'anges qui étaient venus pour l'escorter. Nous n'avions que vingt-cinq ans à l'époque, mais Butch était atteint d'une maladie très rare s'apparentant à la leucémie. Après son diagnostic, il vécut beaucoup plus longtemps que ne l'avaient supposé ses médecins et accepta de participer à tous les nouveaux traitements qu'ils lui proposèrent. Je donnai même la permission à ses médecins de publier son histoire personnelle dans les journaux médicaux.

« Mais après une dernière chirurgie pratiquée de toute urgence, les médecins de Butch décidèrent de le renvoyer à la maison afin qu'il puisse y passer ses derniers jours. Ils ne pouvaient plus rien pour lui, donc nous nous attendions à ce qu'il meurt d'un jour à l'autre. La nuit de son départ, je dormais dans une chaise près de son lit d'hôpital. J'avais réglé mon réveille-matin afin de me lever à toutes les deux heures pour lui administrer ses médicaments. Pourtant, je me réveillai à une heure imprévue ; je savais qu'il était temps pour lui de nous quitter. Même si j'étais triste de le voir partir, l'idée qu'il n'allait plus souffrir à cause de ce corps me réjouissait.

« Il semblait endormi, mais il avait visiblement de la difficulté à respirer. Ne sachant quoi faire, je m'approchai de son lit, lui pris les mains, fermai les yeux et chuchotai : "Je suis là." Puis, lorsque je rouvris les yeux, je vis que nous étions entourés d'anges, formant un cercle parfait.

Ils formaient autour du lit un cercle de bonne dimension. La tête du lit était appuyée contre le mur, mais on aurait dit que tous les murs de la chambre avaient disparu. Même si je ne pouvais voir que les anges avec nous dans la chambre, je savais que leur cercle se prolongeait de l'autre côté des murs. Les anges étaient très grands et flottaient à environ un mètre du sol. Ils étaient vêtus de robes blanches avec des garnitures dorées, et je pouvais voir les contours de leurs ailes derrière eux. Je dois dire cependant qu'ils ne ressemblaient pas aux anges que nous avons l'habitude de voir en image. Leur visage n'avait pas de traits, mais émettait de la lumière, et ils étaient nimbés d'une vive lueur. Cette vision n'a pas duré plus d'une fraction de seconde, mais je ne l'oublierai jamais. Bien qu'ils soient venus pour Butch, cela me réconforta qu'ils acceptent de se laisser voir par moi. »

Les anges sont toujours parmi nous, et lorsque nous trépassons, ils nous aident à rejoindre les rives de l'AU-DELÀ. Comme vous l'avez appris au dernier chapitre, les Vertus se massent le long du tunnel, mais ce sont les Dominations qui nous attendent à l'autre bout du tunnel, où ces anges sont toujours les premiers à nous accueillir dans l'AU-DELÀ.

PRIÈRE POUR DIMINUER NOTRE PEUR DE LA MORT

Chères Vertus et Dominations, lorsque je serai prêt à retourner à La Maison, soyez présents pour m'aider à franchir la barrière entre cette vie et la véritable vie éternelle et sacrée qui m'attend dans l'autre monde. Ne me laissez pas vivre ma vie dans la peur de ce qui m'attend lorsque je devrai passer dans l'AU-DELÀ. Demeurez à mes côtés en cette vie, et aidez-moi à garder courage, en m'assurant que vous serez toujours là pour me protéger. Amen.

MÉDITATION POUR DEMANDER AUX ANGES DE NOUS ENTOURER

Assoyez-vous ou étendez-vous confortablement, dans une position méditative. Fermez les yeux. Détendez vos pieds, vos chevilles, vos mollets, vos genoux, vos cuisses et vos fesses. Détendez le haut de votre corps, vos bras, vos doigts, votre cou et votre tête.

Détendez-vous. Voyez le tunnel de lumière. Voyez les magnifiques anges se tenant au garde-à-vous. Vous pouvez même, grâce à la force de votre volonté, entreprendre un voyage astral dans l'AU-DELÀ. Chaque fois que vous passez devant l'une de ces merveilleuses entités, vous sentez leur paix, leur lumière, leur courage et leur amour vous envahir. Si vous parvenez jusque dans l'AU-DELÀ, regardez autour de vous et confirmez ce que tant de personnes ont vu. Reprenez ensuite vos esprits, libre de tout sentiment de peur. Et plus important encore, sentez que cette vie, même si elle est précieuse, n'est qu'un lieu d'apprentissage.

VIII

Les Trônes et les Principautés

« Bénissez Yahvé, tous ses anges, vous, hérauts
puissants qui accomplissez sa parole, attentifs au son de
sa voix. Bénissez Yahvé, toutes ses armées, vous,
serviteurs, ouvriers de son désir. »
— Psaume 103 : 20-21

APRÈS AVOIR exploré l'univers de tous ces anges, nous voici finalement arrivés aux deux dernières catégories. Aucun phylum n'est supérieur à celui des Trônes et des Principautés. Véritables soldats de l'armée céleste de Dieu le Père et Dieu la Mère, ils sont de loin les plus élevés, les plus nobles et les plus spirituels de tous les anges. Certaines religions ont quasiment déifié les Archanges. Ce n'est pas mal en soi, mais c'est quand même une erreur. Aucun ange ne détient des pouvoirs supérieurs à ceux des Trônes et des Principautés. Néanmoins, je fais moins souvent appel à eux, peut-être parce que j'ai toujours eu l'impression qu'il vaut mieux garder le meilleur pour la fin ou demander leur aide seulement lorsque nous courons un grave danger.

Même dans les textes bibliques, plus que toute autre catégorie angélique, les Trônes et les Principautés sont mentionnés avec soin et admiration. Dans Ezéchiel 1 : 13, il est dit que leur apparence ressemble « à des charbons ardents ayant l'aspect de torches. »

Les Trônes et les Principautés sont généralement envoyés sur terre lorsqu'un danger est imminent ou lorsque nous sommes sur le point de subir des dommages mentaux, physiques, émotionnels ou même psychiques. Ils sont également les gardiens des enfants et des animaux. Lorsque je travaillais pour la Fondation *Make-A-Wish*® (une fondation que j'adore), je faisais toujours appel aux Principautés et aux Trônes pour protéger mes êtres chers, les personnes en danger, et spécialement les enfants.

Nous ne devrions jamais hésiter à faire appel aux Trônes et aux Principautés lorsque nous traversons des heures sombres ou lorsque nous avons besoin de conseils. Dieu le Père et la Mère les enverra de toute façon, mais comme je le mentionnais plus tôt, notre croyance en leur existence et notre désir de faire appel à eux les aident à percer le voile entre la terre (monde de basses vibrations) et l'AU-DELÀ (monde de hautes vibrations).

Les Trônes sont rattachés à Azna, la Mère Dieu, tandis que les Principautés sont rattachées à Om, le Père Dieu. Les Principautés viennent lorsqu'on les appelle, mais ces anges sont véritablement les « gardiens de la Porte », ceux qui gardent l'accès à Dieu le Père. Ces sentinelles sont comme lui, immobiles et majestueuses. Les Trônes, à l'instar d'Azna, sont beaucoup plus actifs.

L'armée de Dieu la Mère : les Trônes

Membres du neuvième phylum de la hiérarchie angélique, les Trônes jouent le rôle de combattants. Ils forment l'armée d'Azna, et comme Elle, ils portent une épée. Si vous croyez qu'Azna vient seule lorsque nous l'appelons, vous vous trompez. Francine dit qu'elle n'a jamais vu Azna venir à notre aide sans avoir à sa remorque un groupe ou bataillon de Trônes. Ils se tiennent à côté d'Elle, devant Elle et derrière Elle, partout autour d'Elle.

Azna est la figure centrale qui contrôle tous les anges, et ces derniers la suivent partout où Elle va. On pourrait dire que les Trônes sont un peu comme ses enfants, formant le cœur de son armée, toujours présents à ses côtés, peu importe le nombre d'anges qui l'accompagnent. Elle n'a pas souvent recours aux Principautés, celles-ci ayant pour mission de demeurer auprès de Dieu le Père, mais on sait qu'Azna est généralement accompagnée de Vertus, d'Anges et d'anges provenant de tous les autres phylums. On sait également qu'il lui arrive de demander à des Charognes de venir avec Elle. Elle les utilise pour encercler les entités des Ténèbres et ainsi réduire à néant leur influence. Comme je l'ai mentionné dans un chapitre précédent, nous pouvons, nous aussi, utiliser les Charognes à cet effet lorsque nous leur demandons de nous aider.

Azna est celle qui s'oppose à la négativité présente dans la création, combattant et chassant les Ténèbres avec l'aide des Trônes. Francine la compare souvent à Jeanne d'Arc. N'étant que pure émotion, Azna se lance dans la bataille suivie de Son armée de Trônes, brandissant leur épée pour décimer les Ténèbres. Azna est connue pour être un Dieu Mère sensible, protégeant la création comme une mère protège ses enfants. Les Trônes possèdent cette même qualité et combattent activement les entités et les énergies négatives. Ils sont très puissants et aucune force des Ténèbres ne peut leur tenir tête. Leur anima est l'éléphant, car ils sont de grande taille et très protecteurs (comme les éléphants avec leurs petits). Leur élément est l'air, un élément qui englobe tout, en plus d'être présent partout. Leur pierre est l'or, symbole de leur pureté et de leur majesté. Et finalement, leurs ailes sont blanches, teintées de pourpre, couleur de la royauté et de la puissance.

La lettre suivante, qui nous vient de Johanne, décrit bien la puissante protection offerte par Azna et Ses anges :

« Mon histoire débute au moment où ma mère et ma sœur décidèrent d'aller chercher mon père par un soir de pluie. Alors qu'elles roulaient sur une route très fréquentée, un homme brûla un feu rouge et emboutit leur voiture du côté du conducteur. Le choc fut extrêmement violent ; me mère reçut le volant dans l'estomac et ma sœur se fracassa la tête contre le tableau de bord. Les membres du service d'urgence utilisèrent les mâchoires de vie, mais sans succès. C'est alors qu'un homme sorti de nulle part s'approcha de la portière et l'ouvrit comme si de rien n'était. Ma mère, qui avait assisté à toute la scène, aurait été capable de le reconnaître, sauf qu'il était devenu introuvable. Dans l'espoir de le retrouver, on publia une annonce dans le journal et on posa des affiches dans les environs, mais… rien. N'eut été de cet homme, ma mère et ma sœur seraient sûrement mortes.

« Mon autre histoire d'ange est une histoire personnelle. Lorsque j'étais plus jeune, j'étais très portée sur les excès (Dieu merci, j'ai changé). J'avais passé la soirée dans un bar avec un ami, mais je lui fis remarquer qu'il était l'heure de rentrer à la maison, comme il était sur le point d'obtenir un rendez-vous avec une autre fille, il me répondit que *l'ami de son amie* se chargeait de me reconduire chez moi. Pour tout dire, j'étais convaincue que j'allais mourir avant d'arriver à la maison, car il était complètement saoul. En chemin, je parvins néanmoins à le convaincre de se ranger sur le bord de la route et de me laisser conduire. Il devait être deux heures ou deux heures trente du matin, et tout ce que je voulais, c'était rentrer chez moi en un seul morceau.

« Mais alors que j'avais fait tout le chemin jusqu'à ma rue, il passa sa jambe par-dessus la mienne et appuya violemment sur le frein, déchira ma robe et tenta de me violer. Je me mis à crier de toutes mes forces. À ce moment-là, un jeune homme ouvrit ma portière, me saisit par le bras et me fit sortir de la voiture en me disant de courir jusqu'à la maison. Voyant qu'il parvenait à maîtriser ce fou furieux, je pris mes jambes à mon cou et me précipitai chez moi sans me retourner. Vous devez savoir que je vis dans un quartier paisible où personne ne se promène à deux heures du matin, surtout le dimanche, et c'est pourquoi cela est d'autant plus incroyable. »

Les anges sont capables d'éteindre des incendies, de nous aider lorsque notre intégrité physique est menacée, mais aussi – même si nous avons souvent du mal à le reconnaître – lorsque nous sommes angoissés. Divorce, perte d'un être cher… rien de ce qui est humain n'est trop complexe pour les anges.

L'armée de Dieu le Père : les Principautés

La Bible parle des Principautés comme des anges en charge des nations et des grandes villes. Elle les appelle même les protecteurs de la religion et de la spiritualité, et dit qu'ils sont connus pour escorter les gens jusqu'au paradis. Toutes les religions semblent d'accord sur ce point : plus le phylum est élevé, plus les anges ont du pouvoir et de la grâce, et sont capables de nous consoler, peu importe les situations. Que les Principautés soient représentées comme des protecteurs ou comme des êtres aussi forts que le feu, les anges de ce dernier phylum sont toujours décrits comme ayant de grands pouvoirs et étant près du trône de Dieu. Ces représentations vont d'ailleurs dans le sens de ce que disait Francine : plus le phylum est élevé, plus la tâche des anges est importante. Cela ne veut pas dire que nous ne puissions pas faire appel à eux, mais témoigne des délimitations inhérentes à leur « définition de tâche ».

L'anima de l'armée de Dieu le Père est le lion, un symbole approprié puisque le lion est considéré comme le roi des animaux. L'élément des Principautés est le feu, l'un des éléments purificateurs les plus puissants. Leur pierre est le saphir, une pierre qui a toujours été associée à la royauté, et leurs ailes sont dorées, l'or étant un métal précieux également associé aux rois.

Les Principautés sont connues pour posséder une grande intelligence. Armées d'une lance dorée, elles peuvent envoyer dans l'univers leurs extraordinaires pouvoirs, sans faire aucun mouvement superflu. Contrairement aux Trônes, qui se massent et se pressent aux côtés d'Azna, Francine dit qu'on voit rarement de grands rassemblements de Principautés. Le plus souvent, ces anges viennent sur terre et se tiennent près de nous comme des sentinelles, par petits groupes de deux ou trois. Il semble qu'il soit dans leur nature de demeurer immobiles, plutôt que de se déplacer avec agilité. D'ailleurs, Francine dit qu'on les confond souvent avec des statues. Comme les gardes des rois et reines d'Angleterre, il est impossible de les faire sourire.

Pendant la terrible catastrophe du *World Trade Center*, Francine dit que les Principautés se tenaient près de « *ground zero* ». Personne n'a vu comment elles sont arrivées là, mais les Principautés montaient la garde comme des statues dorées, immobiles et émettant un formidable pouvoir. Azna était là, elle aussi, avec ses bataillons de Trônes brandissant leurs épées, chassant les ténèbres, et aidant ceux qui venaient de mourir à passer dans l'AU-DELÀ.

Chaque fois qu'il se produit un désastre, comme le terrible tremblement de terre de 1999 qui a tué des milliers de personnes en Turquie, les Principautés semblent apparaître comme des sentinelles ou des gardiens. Les anges des autres phylums se précipitent sur les lieux, combattent les ténèbres, aident les blessés, recueillent et transmettent des messages, mais pas les Principautés. Elles se font alors le reflet d'Om, Dieu le Père, dans la mesure où elles maintiennent une énergie protectrice qui permet aux autres anges de vaquer à leurs occupations.

La plupart des gens semblent penser que les Principautés se concentrent avant tout sur les catastrophes et sur l'émission d'une énergie protectrice et nourrissante, mais n'allez pas croire que nous ne pouvons pas faire appel à elles pour d'autres raisons. Elles viennent toujours à notre aide. Francine dit qu'elle n'a jamais vu un ange refuser de répondre à l'un de nos appels. Mais si nous faisons appel aux Principautés, il se peut que nous n'obtenions qu'une ou deux interventions de leur part, même si nous sommes victimes de ce que nous appelons une catastrophe. Les Principautés sont en quelque sorte les gardiens du monde, il est donc normal que nous recevions d'abord l'aide des anges des autres phylums, celle des Archanges qui guérissent à l'aide de leur sceptre, des Charognes qui escortent les entités des Ténèbres, ou des Chérubins et des Séraphins qui remplissent notre âme avec leur musique.

Les Principautés sont peut-être immobiles, mais ne vous y trompez pas : leur émanation est extrêmement puissante et d'une force incommensurable. Une seule Principauté peut mettre hors d'état de nuire les forces du mal et nous protéger de milliers et de milliers d'entités des Ténèbres et de toutes les énergies négatives qui nous entourent. Néanmoins, nous aurions tort d'être froissés si les Principautés ne se précipitent pas pour nous venir en aide. Ce n'est pas qu'elles ne nous aiment pas, mais leur but premier est d'assister Dieu le Père et de faire partie de Son armée. Comme de bons soldats qui n'abandonneraient jamais leur roi, les Principautés ne viendront pas à notre secours si cela signifie laisser Dieu sans assistance. Ce n'est pas que Dieu n'ait pas la force de se soutenir Lui-même, mais les Principautés sont une création divine centrée sur Dieu le Père. Ces anges sont magnifiques et éclatants, mais ils sont avant tout à Son service.

Si Dieu le Père accepte de se manifester, ce ne sera que pendant un court laps de temps. Francine dit que, souvent, la seule façon pour elle de savoir qu'Il est présent, c'est lorsque les Principautés s'assemblent pour former une silhouette laissant deviner Sa présence. Elle a vu Son visage, mais brièvement, car celui-ci dégage une trop grande puissance.

L'histoire suivante nous révèle la bonté éclairée de Dieu. Ce sentiment, qui joue un rôle si important dans les milliers d'histoire d'amour et d'affection qui me sont parvenues de tous les coins du globe, ne peut, d'aucune manière, n'être qu'une invention. Outre le fait d'avoir été écrites par des personnes d'âges différents, vivant dans des endroits différents, à différentes époques, ces histoires ont toutes un dénominateur commun : l'amour. Que nous soyons convaincus de leur véracité ou sceptiques, nous devons prendre conscience que toutes ces histoires ont été écrites par des gens comme vous et moi, qui ne savaient pas pour la plupart qu'ils allaient rencontrer un ange, et encore moins recevoir son aide. Mais peut-être, et je dis bien peut-être, que Dieu, dans Son amour infini pour nous, nous envoie Son aide de plusieurs façons, les anges n'étant qu'une manifestation parmi tant d'autres de cette aide et de cet amour.

Dixie m'écrit :

« Je crois qu'un ange nous a un jour sauvé la vie. Il y a environ douze ans, j'étais allé chercher ma mère à son travail. Au moment où nous allions sortir d'une bretelle pour regagner l'autoroute, la voiture dérapa sur une plaque de glace et je perdis aussitôt le contrôle du véhicule qui effectua un tour à cent quatre-vingts degrés sur cette autoroute fortement achalandée. Par miracle, nous nous arrêtâmes à quelques centimètres du garde-fou, et bien que faisant face à la circulation, étonnamment, aucune voiture ne nous frappa. Ma mère et moi étions néanmoins terrifiées. Nous attendîmes d'avoir le temps de remettre la voiture dans le bon sens, puis nous quittâmes l'accotement et recommençâmes à respirer. Comme ma mère avait décidé qu'il valait mieux qu'elle conduise jusqu'à la maison, je pus regarder par la fenêtre sur le chemin du retour, et c'est alors que je vis quelque chose dans le ciel. C'était blanc, avec de grandes ailes, et semblait voler dans un tunnel de lumière. Je crus sur le moment que j'avais une hallucination, mais je crois à présent qu'un ange nous a sauvé la vie cette nuit d'hiver. »

C'est bien ce qui s'est passé, Dixie, vous n'avez pas été victime de votre imagination et vous ne l'avez jamais été.

MÉDITATION POUR OBTENIR PROTECTION ET SE DÉBARRASSER DE LA NÉGATIVITÉ

Assoyez-vous ou étendez-vous confortablement, dans une position méditative. Fermez les yeux. Détendez vos pieds, vos chevilles, vos mollets, vos genoux, vos cuisses et vos fesses. Détendez le haut de votre corps, vos bras, vos doigts, votre cou et votre tête.

Entourez-vous d'une lumière blanche, pourpre et dorée. Demandez à Azna, Dieu la Mère, de vous envoyer les Trônes afin qu'ils vous protègent et veillent sur vous et les vôtres. Voyez les lumières dorées qui émanent de leurs ailes. Voyez-les brandissant leur épée, chassant les ténèbres et surmontant l'adversité (l'épée est le symbole

*d'Azna ; remarquez qu'elle a la forme d'une croix).
Sentez la paix et la joie descendre en vous, vous
envahissant de la tête aux pieds.*

*Demandez à présent à Om, Dieu le Père, de vous
envoyer les Principautés, cette armée de beauté, plus
inébranlable et plus stable que toute autre. Elles se
tiennent à vos côtés, un peu comme les Vertus et les
Dominations, semblables à des sentinelles, mais rien ne
peut pénétrer la barrière de leur amour et de leur
protection.*

Entourez-vous, vous et vos êtres chers, de cette
lumière au moins une fois par semaine ou une fois par
jour, si vous êtes dans une mauvaise passe. Les anges ne
se lassent jamais de nous porter secours.

IX

Foire aux questions

« O Seigneur ! Viens en aide à ceux qui ont renoncé à tout sauf à Toi, et accorde-leur une grande victoire. Octroie-leur, O Seigneur, le concours de tes anges dans le ciel et sur la terre, et de tous ceux qui se trouvent entre les deux, afin qu'ils aident Tes serviteurs, en leur portant secours et en les fortifiant, en leur permettant de connaître le succès et en les soutenant, en les investissant de Ta gloire, en leur conférant honneur et louange, en les enrichissant et en les faisant victorieux à la suite d'une merveilleuse victoire. »

— Le Báb, *Sélections des écrits du Báb*

AU FIL des ans, j'ai reçu des milliers de merveilleuses histoires d'anges, souvent accompagnées des mêmes questionnements. Comme aucun volume ne sera jamais assez gros pour toutes les contenir, j'ai décidé d'utiliser les deux derniers chapitres de ce livre pour en partager encore quelques-unes avec vous. Dans ce chapitre-ci, je me concentrerai sur certaines de ces questions et sur les réponses que j'ai pu leur apporter grâce à mes recherches. Certaines de ces questions pourraient vous sembler simples, et même si j'ai déjà répondu précédemment à certaines d'entre elles, je tâcherai ici d'aller plus en profondeur.

Q : Comment dois-je m'adresser aux anges ? Dois-je utiliser des mots spéciaux ou réciter une prière spécifique ?

R : Il n'y a pas de façon particulière de faire appel à un ange. Dites simplement : « Je veux être protégé par un ange » (ou « guéri » ou « réconforté », etc.). Pensez-y, et ils viendront. Le simple fait de murmurer le mot « ange » les gagnera à votre cause. Non seulement cela, mais on enverra l'ange capable de régler votre problème. Francine dit qu'il arrive parfois que des guides spirituels fassent appel aux anges d'un phylum particulier croyant qu'une personne a besoin de leur aide, et qu'un autre groupe d'anges se présentent à la place de ces derniers.

Par exemple, un jour que Francine avait demandé à un Archange de venir à mon secours, je reçus la visite d'une Vertu et d'un Trône. Néanmoins, Francine ne remit jamais ce choix en question, car elle sait que ces anges connaissent mieux la fréquence vibratoire de la personne à qui ils ont affaire, que les guides spirituels et les humains eux-mêmes. Je parle ici de renseignements provenant directement de Dieu. Ainsi, notre fréquence vibratoire fait toujours appel à l'ange qui convient. Ces jours-ci, j'en suis arrivée à dire simplement : « Quel que soit l'ange dont j'ai besoin, dites-lui de venir ici. »

****

Q : Est-ce que les anges ont des corps semblables aux nôtres ?

R : Les anges ont de vrais corps, mais comme leur fréquence vibratoire est plus élevée que la nôtre, ils ont souvent du mal à prendre forme. Cependant, comme le démontrent les histoires précédentes, ils peuvent prendre forme humaine pendant quelque temps, puis ils semblent disparaître.

****

Q : Est-ce que les anges nous parlent, si oui, comment ?

R : Les anges communiquent par télépathie lorsqu'ils ont la forme d'un ange, mais ils semblent avoir le don de la parole lorsqu'ils prennent brièvement forme humaine.

Q : Comment puis-je entrer en contact avec mes anges ou les anges d'un phylum particulier ?

R : Les méditations présentées dans ce livre vous aideront à y parvenir, mais il suffit souvent de demander de l'aide pour en obtenir. Référez-vous aux chapitres précédents pour connaître les spécificités de chaque phylum (guérison, protection, etc.), et faites appel à ce phylum. Par exemple, nous pouvons faire appel aux Archanges pour obtenir une guérison, et aux Vertus si nous avons des problèmes avec notre plan de vie.

****

Q : Est-ce que nos êtres chers décédés peuvent devenir des anges ?

R : Non, les anges sont des êtres spécifiques appartenant à des phylums. Après notre trépas, nous pouvons jouer le rôle de guide spirituel, car nous avons déjà vécu sur terre, mais les anges n'ont pas à s'incarner ici-bas, car contrairement à nous, ils n'ont pas de leçons à apprendre.

****

Q : Quelle est la différence entre un guide spirituel et un ange ?

R : La réponse à cette question est la même que la précédente. Les anges ont été créés pour servir de compagnons et de protecteurs à l'humanité. Les guides spirituels, de leur côté, ont vécu sur terre afin de se parfaire. Il y a cent pour cent de probabilités que nous ayons été ou que nous serons un jour le guide spirituel de quelqu'un d'autre.

****

Q : Est-ce que les anges ont des noms ?

R : Dans plusieurs textes religieux, les anges ont effectivement des noms, mais cela semble davantage une question de dogmes humains. Nous pouvons leur donner n'importe quel nom, bien que je considère pour ma part qu'il est tout aussi important de faire appel au phylum dont nous avons besoin. Toutefois, dans le doute, n'hésitez pas à faire appel à *tous* les anges.

****

Q : Est-ce que tout le monde a un ange gardien ?

R : Oui, tout le monde a un ange gardien, sauf les entités des Ténèbres. Ces entités, qui semblent toujours seules et ne pas savoir où elles vont, ne semblent pas désirer en avoir. D'ailleurs, je suis sûre que ces entités des Ténèbres sont manipulées par le mal. Et contrairement à nous, elles n'ont ni guides spirituels, ni anges.

****

Q : Satan est-il un ange déchu ?

R : Logiquement, pourquoi n'y aurait-il qu'une seule entité avec des cornes et une queue ? Satan n'est pas un être unique, mais un groupe d'entités qui se sont séparées de Dieu au commencement du monde. Ces entités n'étaient pas des anges, car il n'existe pas d'anges mauvais, ce qui serait d'ailleurs un oxymoron (contradictoire). Tous les anges sont des créatures bonnes et pures qui n'ont qu'un seul désir : servir Dieu. Nous, les humains, de notre côté, parce que nous avons pour mission d'apprendre afin de plaire à Dieu, nous devons, dès le départ, choisir entre le Mal (le Monde des Ténèbres) et le Bien (celui des entités blanches). Ceci, toutefois, n'a aucun rapport avec la couleur de la peau ; ce sont nos âmes qui sont blanches ou noires.

Il n'y a pas d'autre enfer que celui dont nous endurons les tourments ici sur terre, le seul endroit où les entités des Ténèbres semblent parvenir à survivre ; mais grâce à l'armée céleste de Dieu, aux guides spirituels, à l'Esprit saint et à la conscience du Christ, les entités blanches triompheront toujours du mal, même si à l'occasion elles semblent sur le point de perdre la bataille.

****

Q : Pourquoi les anges ont-ils des ailes ?

R : J'ai beaucoup réfléchi à la question, mais si je me fie à mes propres recherches et à ce que m'ont communiqué mon guide spirituel et les personnes que j'ai hypnotisées (en passant, l'hypnose est une extraordinaire source d'informations valides), je crois que leurs ailes servent à les différencier des autres entités, comme nos êtres chers décédés, nos guides spirituels, et ainsi de suite. Ce sont en quelque sorte des badges. Rappelez-vous également ce qui a été dit dans les chapitres précédents. Leurs ailes symbolisent la rapidité de leur mouvement et le réconfort de savoir qu'ils peuvent nous protéger et nous étreindre dans leur amour.

****

Q : Les anges ont-ils tous la même taille et la même apparence ?

R : Non, certains anges peuvent être très grands, surtout les Trônes et les Principautés. Ils peuvent également être de petite taille, voire ne mesurer que quelques centimètres. Toutefois, j'ai découvert au cours de mes recherches que contrairement à de nombreuses représentations artistiques, il n'existe pas d'enfants ou de bébés anges. Ils peuvent aussi, comme nous l'avons vu plus tôt, prendre forme humaine pendant quelque temps pour nous protéger ou nous avertir. Plusieurs religions nous invitent à être aimables avec les étrangers, car il pourrait s'agir d'anges déguisés. Je ne voudrais pas jouer les rabat-joie, mais dans le monde d'aujourd'hui, où les bonnes actions sont plus nécessaires que jamais, nous devons néanmoins faire preuve de prudence.

****

Q : Les anges ont-ils des personnalités ?

R : J'aurais plutôt tendance à dire qu'ils sont des personnages définis, étant donné leurs différences de niveaux et leurs spécificités (guérir, chanter, protéger, etc.). En fait, je n'ai jamais entendu parler d'un groupe d'anges qui se seraient réunis dans l'AU-DELÀ pour s'amuser ou raconter des plaisanteries comme nous aimons à le faire. Les anges sont apparemment une forme d'intelligence extrêmement sereine et vouée qu'à une seule tâche, qui ne demande jamais rien en retour.

****

Q : Les anges sont-ils indépendants ou n'agissent-ils que sur ordre de Dieu ?

R : Les anges semblent savoir non seulement où Dieu souhaite qu'ils aillent, mais aussi qu'ils doivent constamment veiller sur nous. Et bien que nos guides spirituels soient également en mesure de faire appel aux anges, n'allez pas croire que nous n'avons pas le pouvoir de les appeler nous-mêmes, et même de les appeler tous les jours, comme je vous invite à le faire. Les Trônes et les Principautés semblent être les deux groupes directement sous les ordres de Dieu. Nous pourrions les appeler nous-mêmes, mais nous devrions d'abord passer par Dieu la Mère et Dieu le Père, puis par nos anges, nos guides, nos êtres chers, et ainsi de suite.

****

Q : Est-ce que Dieu le Père et Dieu la Mère sont assis sur des trônes, et si oui, les anges sont-ils assis à Leurs côtés ?

R : Om, Dieu le Père, et Azna, Dieu la Mère, n'ont pas de trônes. Cette image est plus ou moins une construction des humains, qui semblent vouloir humaniser Dieu comme s'Il/Elle était un roi ou une reine. Dieu est partout et en toute chose, mais Dieu le Père et Dieu la Mère sont deux entités ayant une structure définie. Tout ce que mes recherches ont pu m'apprendre, c'est que Dieu le Père, bien qu'étant une entité masculine, est trop puissant pour adopter pendant longtemps une même forme. Mère Azna, de son côté, a presque tout le temps une forme définie, mais peut également se trouver n'importe où. Les anges ne se tiennent près d'aucun trône imaginaire ; comme Dieu, ils sont partout. Ils sont partout sur la terre, autour de nous, autour de nos maisons, à notre bureau, bref, partout.

****

Q : Pourquoi les phylums angéliques ont-ils des tâches et des noms différents ?

R : Les anges appartenant à un même phylum n'ont pas de nom individuel, bien que certains écrits religieux leur donnent des noms humains comme Michel, Raphaël et Ariel. En fait, ils ne sont pas individualisés à ce point. Ils se contentent de répondre à l'appel du nom de leur phylum. Si vous voulez entendre une musique céleste, faites appel aux Chérubins et aux Séraphins. Si vous avez besoin d'être guéri, faites appel aux Archanges ou aux Puissances.

****

Q : Pourquoi Dieu a-t-Il créé les anges ? Ne sommes-nous pas assez pour Lui ?

R : Bien sûr que notre présence suffit à Dieu, mais Dieu étant un être omniscient, Il s'est rendu compte que nous avions besoin de protection ici sur terre, dans cet environnement parfois infernal. Donc, Il créa les anges.

****

Q : Combien y a-t-il d'anges ?

R : Tous les textes religieux, de même que toutes les personnes qui ont visité l'AU-DELÀ, s'entendent sur une chose : les anges sont légions et leur nombre est pratiquement inconnaissable. Mon guide dit que personne ne les a jamais comptés, mais leur population serait de plusieurs billions. Cette estimation se tient debout, puisque nous pouvons avoir cinq ou six anges (ou légions d'anges) autour de nous lorsque nous sommes dans le besoin. Il est également important de mentionner que les anges protègent aussi la terre et tous les animaux.

****

Q : Pourquoi certaines religions représentent-elles les anges comme des guerriers ou des vengeurs s'élevant contre ceux qui défient Dieu et Ses enseignements ?

R : Tout cela n'est que pure invention. Cette vision des choses remonte à la croyance erronée en un Dieu méchant et malveillant. Si c'était vrai, alors Dieu serait un être vindicatif. Mais Dieu, n'étant que pur amour, n'a jamais envoyé quiconque pour blesser une autre personne, raser une ville ou détruire un objet, et Il n'enverra certainement pas un ange pour faire de telles choses. Dieu ne peut être à la fois pur amour et quand même prendre parti. Bien sûr, les anges sont là pour nous protéger et la plupart d'entre eux portent, comme les Trônes, une épée, mais une épée qu'ils utilisent uniquement pour se frayer un chemin à travers les ténèbres de la négativité.

****

Q : Pourquoi les guides ont-ils besoin des anges ? N'ont-ils pas assez de pouvoir ?

R : Ils ont évidemment assez de pouvoir, mais pourquoi ne feraient-il pas appel à toutes les troupes pour aider les entités dont ils ont la charge ? Francine m'a souvent dit que les guides spirituels sont toujours accompagnés par des anges lorsqu'ils doivent veiller sur nous. Je suppose, pour dire les choses simplement, qu'ils ne sont jamais de trop pour nous protéger. Remarquez que les guides ne font pas que nous aimer et nous protéger comme les anges. Néanmoins, ils ont besoin que les anges montent la garde pendant qu'ils s'occupent d'autres problèmes reliés à nos plans de vie.

****

Q : Si les anges sont à ce point puissants, pourquoi ne nous viennent-ils pas toujours en aide ?

R : Je suis désolée de dire cela, mais cette question a tendance à m'agacer. Ce n'est la faute de personne ; je souhaite seulement que plus de gens prennent conscience que sans les anges nous serions vraiment dans le pétrin. J'aimerais que vous repensiez aux événements qui ont marqué votre vie et que vous essayiez de revivre le souvenir de ces moments où vous avez failli mourir, où vous avez évité de peu un grave accident, où votre « intuition » vous a averti d'un danger. Chassons les mots « coïncidence » et « imagination » de notre vocabulaire. Si vous teniez un journal intime, ne serait-ce qu'une semaine, et que vous preniez en note les fois vous avez reçu des messages ou des sensations étranges, vous ne mettriez jamais en doute le pouvoir de verbalisation de vos guides ou la présence invisible, mais néanmoins réelle, des anges dans votre vie.

Les anges ne peuvent pas toujours nous aider en modifiant le plan de vie que nous avons élaboré sous le regard Dieu afin de nous parfaire, mais ils peuvent certainement faciliter notre passage sur terre en nous donnant le courage de faire face à ce que nous réservent nos vies ou en nous avertissant si nous sommes sur le point d'emprunter un mauvais point de sortie. Je sais que la vie serait beaucoup plus sombre et désolante sans eux.

La question suivante vous semblera peut-être étrange, mais je l'ai entendue si souvent que je commence à croire que les gens qui me la posent sont possédés ou victimes d'un mauvais sort ! Évidemment, cela ne peut pas nous arriver, mais voici quand même la question :

****

Q : Est-ce que les anges tuent des gens pour le compte de Dieu ?

R : Comme cela serait paradoxal ! Les anges sont ici par amour et pour nous protéger, il serait donc contre nature pour eux de blesser ou de tuer. La réponse à cette question est donc un « non » retentissant !

****

Q : Pourquoi les anges ne se manifestent-ils pas plus souvent à nous ?

R : Ils se manifestent très souvent, mais nous ne sommes pas toujours conscients des messages qu'ils nous transmettent, qu'il s'agisse d'un message transmis par un inconnu, d'une étincelle dans la nuit, de la caresse d'une plume ou d'un message télépathique.

Récemment, alors que je venais tout juste de terminer la rédaction de la dernière réponse, je me trouvais dans une petite boutique. Une adorable dame aux cheveux foncés se tenait derrière le comptoir. Elle m'adressa un sourire et me demanda si elle pouvait m'aider. Je répondis : « Non, merci. Je ne fais que regarder. » Après avoir jeté un coup d'œil à la marchandise et décidé que ce magasin était un peu cher pour moi, je me tournai vers la sortie et remerciai la vendeuse.

Elle dit alors : « Je vous en prie, prenez soin de vous. Tant de gens ont besoin de vous. » Je demeurai sur place un moment, la fixant du regard.

Ayant du cran, je lui demandai : « Me connaissez-vous ? », pensant qu'elle m'avait peut-être vue à la télévision.

Elle répondit : « Pas de la façon dont vous croyez que je vous connais. » Cette réponse me troubla quelque peu, chose qui ne m'arrive pas souvent.

Plus tard, après avoir parlé de cette rencontre avec ma belle-fille, nous retournâmes dans cette boutique. Cette fois-là, une blonde de forte carrure se tenait derrière le comptoir. Je lui demandai où était la femme aux cheveux foncés qui m'avait accueillie un peu plus tôt ce jour-là.

La blonde me regarda d'un drôle d'air et dit : « Aucune femme aux cheveux foncés ne travaille ici. La boutique m'appartient, il n'y a pas d'autres employés. De plus, nous ouvrons tous les jours à dix-sept heures, jamais avant. »

Croyez ce que vous voulez, mais je sais que je suis entrée ce jour-là dans une boutique et que j'ai rencontré ce que je crois être un ange. Cela m'a vraiment remonté le moral, car j'étais obsédée depuis la veille par des problèmes financiers (en effet, je dois subvenir aux besoins de plusieurs personnes), et après lui avoir parlé, j'eus le sentiment que tout irait bien.

****

Q : Lorsque les anges émettent de l'énergie, pourquoi est-elle de différentes couleurs ?

R : Je crois que la raison qui explique ce phénomène se résume essentiellement à la désignation des différentes fonctions des anges. Pensez aux infirmières qui portent des uniformes blancs et aux sœurs qui s'habillent en noir ; leurs vêtements servent à identifier leur position. Les couleurs émises par les anges dénotent leur phylum et leur fonction. Admettons-le, l'énergie a une couleur. Souvent, la couleur des anges représente non seulement la guérison, mais aussi le courage, l'entraide et leur volonté de nous garder dans le droit chemin grâce à leurs messages télépathiques.

****

Q : Est-ce que le fait de croire aux anges les incite à nous venir en aide ?

R : La foi est une puissante énergie. Notre foi les aide à percer le voile qui sépare ce monde de l'AU-DELÀ. Remarquez à quel point les enfants qui sont totalement innocents sont davantage conscients de la présence des anges, car on ne leur a pas encore dit qu'ils ne pouvaient pas les voir.

****

Q : Est-ce que les anges doivent se reposer ou dormir ?

R : Non, ni les anges, ni les guides spirituels, ni aucune autre entité de l'AU-DELÀ, n'ont besoin de se reposer ou de dormir. Là-bas, nous avons tous un corps, mais il s'agit d'un corps parfait et sanctifié qui ne se fatigue jamais, qui ne tombe jamais malade et qui n'est jamais anxieux. Nous sommes tous dans un état de grâce parfait, ou comme le dit Joseph Campbell, dans un état de « félicité ».

****

Q : Est-ce que les anges se réunissent à un endroit spécial pour adorer Dieu ?

R : Non, ils n'ont pas besoin de se réunir à un endroit spécial, pas plus que nous ou notre Seigneur. Nous pouvons adorer Dieu n'importe où et n'importe quand, car Dieu est partout. Se restreindre à un seul endroit, ce serait imposer des limites à la présence omnipotente de Dieu. Rappelez-vous, Dieu n'a pas de préférences.

****

Q : Les anges se manifestent-ils dans l'AU-DELÀ ?

R : Bien sûr qu'ils le font, et ils ne passent pas inaperçus. Il n'y a qu'ici qu'ils ont du mal à se manifester. Lorsque nous sommes dans l'AU-DELÀ ou simplement en transit, les anges sont toujours à notre service pour nous aider en cas de pépin.

****

Q : Pourquoi les anges se manifestent-ils, à l'occasion, à des gens qui ne s'intéressent pas à la religion ?

R : Je vous rappelle à nouveau que Dieu, comme les anges et les guides spirituels, n'a pas de favoris. Plusieurs personnes qui n'ont jamais cru à ces choses vivront un jour une expérience qui changera leur vie pour toujours. Prenez les sceptiques qui sont étroits d'esprit. (Tout le monde peut être un sceptique ouvert d'esprit.) Je suis sûre que si un ange leur apparaissait, ces sceptiques à l'esprit étroit continueraient à ne pas croire. Mais, une fois encore, Dieu n'a pas de préférences. Néanmoins, je suis désolée pour tous ces sceptiques qui ne croient ni en Dieu, ni à la vie éternelle, ni aux anges. Ce n'est pas seulement une question de foi, car il est logique que Dieu non seulement existe, mais qu'Il dispose également d'assistants bien réels, capables de nous venir en aide. Cela m'attriste de voir ces gens qui n'ont pas la foi. Qu'ils ne croient pas en moi, ce n'est pas grave, mais qu'ils ne croient pas en une puissance supérieure, cela me peine. Néanmoins, Dieu les bénit de toute façon, et ils découvriront la vérité lorsqu'ils trépasseront.

****

Il y aurait tant d'autres questions à élucider, mais parce qu'il s'agit des questions que les gens me posent le plus souvent, j'espère que mes réponses vous permettront d'approfondir votre compréhension de ces bienheureuses entités au service de Dieu, toujours prêtes à nous aider. Je crois sincèrement que le fait de croire à l'existence des anges nous rapproche de notre propre spiritualité et renforce notre lien avec Dieu.

Chacun d'entre nous peut jouir de la présence des anges, faire appel à eux tous les jours ou chaque fois que nous pensons à eux, mais aussi faire comme moi et leur parler. Plus nous nous intéressons à eux, plus nous sommes conscients que les anges sont autour de nous, prêts et désireux de nous donner amour, courage, guérison et protection.

X

D'autres lettres et histoires d'Anges

« *Louez-Le, vous, tous Ses anges ; louez-Le, vous,*
toute Son armée ! »
— Psaume 148 : 2

TOUT CE que nous entreprenons au cours de cette vie pour nous rapprocher de la vérité spirituelle (quelles que soient nos démarches), nous permet de monter d'un échelon dans l'échelle qui mène au plein développement de nos esprits. Et après tout, peu importe ce que nous accomplissons dans cette vie, cela ne sera jamais aussi important que le fait de chercher à savoir pourquoi nous sommes ici, qui est ici avec nous, et à quoi tout cela sert-il. Ma philosophie personnelle, comme plusieurs d'entre vous le savent déjà, est fort simple : *Aimez Dieu, faites le bien, et puis taisez-vous et retournez à La Maison.* Avec un peu de chance, après avoir exploré et étudié le monde, nous retournerons à La Maison en avance sur notre programme ; alors vraiment cette vie n'aura pas été vécue en vain.

Je voudrais terminer ce livre avec un chapitre dédié aux histoires de rencontre avec un ange. Comme je l'ai dit plus tôt, aucun volume ne pourrait contenir toutes les histoires que j'ai reçues – elles se comptent littéralement par milliers – j'ai donc choisi de vous présenter quelques-unes de mes histoires préférées. J'espère qu'elles vous redonneront courage, comme elles ont su me le redonner. Certaines de ces histoires sont poignantes, et d'autres vous donneront carrément froid dans le dos. Mais toutes les lettres que j'ai eu l'honneur de réviser révèlent une même éclatante vérité : les anges sont là pour nous offrir réconfort, aide, guérison et protection.

Les histoires suivantes soutiennent ou valident point par point celles présentées dans les chapitres précédents. Qu'il s'agisse d'anges apparaissant sous forme humaine ou apportant aide et protection, la leçon est toujours la même : ils sont ici pour nous aider et nous récompenser en nous offrant l'amour de Dieu, sa compréhension et sa protection omnipotentes.

Karen m'écrit :

« Ma famille et moi avons vécu plusieurs expériences avec des anges, mais un incident particulier a eu un énorme impact sur ma vie et m'a permis de remettre bien des choses en perspective.

Il y a de cela plusieurs années, mes enfants, ma meilleure amie, Nancy, ses enfants et moi étions allés un soir chez *Pizza Hut* pour dîner et nous amuser. Nous restâmes plus tard qu'à notre habitude, ne nous rendant pas compte que nous étions en retard pour nos cours du soir ou notre travail de nuit. Lorsque finalement quelqu'un remarqua l'heure, nous sortîmes précipitamment du restaurant pour regagner nos voitures. Nancy, suivie de ses enfants, se précipita vers sa voiture et passa devant moi et les miens. Pour ma part, je marchai avec mes deux garçons, l'un d'eux étant un peu plus lent que la "moyenne des ours."

« Permettez-moi de faire ici une digression, car j'aimerais vous expliquer pourquoi mon plus jeune fils est un peu plus lent que les autres garçons de son âge. Nicholas est né avec un neuroblastome (une tumeur qui s'était développée alors qu'il n'était qu'un fœtus). Il est aujourd'hui en rémission depuis dix ans, et la maladie n'est jamais réapparue. Voici ce qu'il y a en fait de miraculeux dans cette histoire : à l'âge de sept mois, Nicholas avait une tumeur cancéreuse de la taille d'un pamplemousse. Après qu'on lui eut enlevé cette tumeur, on constata qu'aucun autre traitement n'était nécessaire : pas même de radio ou de chimiothérapie. Les médecins étaient étonnés de voir à quel point il récupérait rapidement, mais, pour ma part, je savais depuis le début que tout irait bien.

« Ma famille croit vraiment au pouvoir de la prière et à la magie des miracles. Toutefois, à ce jour, nous voyons que Nicholas est confronté à certains problèmes de développement qu'il tente courageusement d'accepter ou de surmonter. À cause du neuroblastome, Nicholas a peu de tonus musculaire dans ses membres supérieurs et inférieurs, ce qui fait qu'il marche et se déplace lentement.

« Mais revenons à notre histoire. Je marchais donc avec mes deux garçons – ou plus précisément – je marchais entre mes deux garçons, Nicholas traînant quelque peu derrière. Je portais les restes d'une pizza et ne prêtais pas vraiment attention à la distance entre Nicholas et moi. Mais alors que le reste de notre groupe avait déjà quitté le trottoir pour pénétrer sur le terrain de stationnement, je remarquai que Nicholas se trouvait beaucoup plus loin qu'il n'aurait dû l'être. Je jetai un coup d'œil derrière moi et vis qu'il venait tout juste de quitter le trottoir et se trouvait au beau milieu du stationnement.

« Au même instant, j'aperçus une voiture blanche qui s'approchait à grande vitesse de l'entrée du stationnement. Je criai à Nicholas de faire attention, tandis je demeurai sur place, saisie d'horreur, attendant le moment de l'impact. Au moment où je criai, tout le monde se retourna et vit Nicholas être littéralement lancé ou propulsé dans notre direction. Celui-ci, le dos arqué comme s'il venait d'être catapulté dans les airs, vint atterrir directement dans mes bras ! Je saisis Nicholas et la voiture passa près de nous sans que le chauffeur dévie de sa route ou manifeste la moindre réaction.

« La voiture avait évité Nicholas qui s'en sortait sans une bosse ou une égratignure. Je serrai Nicholas dans mes bras et tout le monde tenta de reprendre son souffle. Nous n'arrivions tout simplement pas à y croire. Stupéfaits par ce que nous venions de voir, nous applaudîmes Nicholas pour cette cascade digne des meilleurs casse-cou ! Croyez-moi sur parole : Nicholas ne s'était jamais déplacé avec une telle célérité en dix ans. Et il était impossible qu'il projette lui-même son corps dans les airs sans l'aide d'une Présence. Nicholas ne se déplace pas de cette façon ou aussi rapidement, un point c'est tout.

« Depuis cette expérience, tous les membres de la famille croient non seulement que Nicholas nous réserve encore plein de surprises, mais aussi qu'il possède vraiment un ange gardien qui le protège et qui veille sur lui. En fait, Nicholas me parla plus tard d'une Présence qui montait la garde devant la porte de sa chambre. Il me décrivit cette Présence, qu'il avait aperçue à quelques reprises, comme une ombre se tenant debout, les bras croisés derrière le dos, ne faisant rien d'autre que regarder. Au début, cela effraya mon fils, mais je lui expliquai qu'il s'agissait de son ange gardien, celui du *Pizza Hut*, et qu'il n'y avait pas de raison d'avoir peur : celui-ci voulait simplement s'assurer que tout allait bien maintenant.

« Merci de m'avoir donné l'occasion de partager avec vous mon histoire. »

Cette merveilleuse histoire est vraiment exaltante. La même chose, à quelques détails près, est arrivée à Gina, mon ancienne belle-fille. Elle promenait Angelia, ma petite-fille, dans sa poussette. Lorsque Gina voulut descendre du trottoir, comme elle nous le raconta plus tard au bureau, des mains invisibles mais puissantes la repoussèrent aussitôt avec une telle force qu'elle se retrouva acculée contre celui-ci ; et c'est alors qu'elle se rendit compte qu'une camionnette blanche fonçait droit sur elle et Angelia... N'eut été de cette violente poussée, elles seraient mortes toutes les deux.

****

R.T. m'écrit :

« Il y a de cela plusieurs années, je me promenais avec mes chiens, comme je le fais tous les jours. Soudain, je m'arrêtai net et les chiens s'assirent. Tout juste derrière moi, je sentis par-dessus mon épaule ce qui semblait être une chaude brise au parfum de roses. Une voix très douce me dit : "Tu as à présent un ange gardien." J'ai souvent vu des anges et des esprits et j'ai connu plusieurs expériences psychiques, mais celle-là fut l'une des plus étonnantes ! »

****

L'histoire suivante est un peu longue, mais elle illustre parfaitement la protection que les anges offrent aux enfants.
Cynthia m'écrit :

« Je sais qu'en 1994 Dieu envoya un ange pour protéger ma fille, Corinne. Elle avait six ans à l'époque, et elle était la lumière de notre vie.

« Mon mari, Paul, et moi étions mariés depuis sept ans lorsque nous accueillîmes cette joyeuse petite fille au sein de notre famille. Dès le départ, Paul s'avéra un père attentionné, et Corinne et lui devinrent très proches. Je tenais à elle comme à la prunelle de mes yeux. Nous vivions vraiment le rêve américain : un mariage solide, une merveilleuse enfant, et une belle maison dans le Connecticut. Paul était un artiste de talent, dirigeait l'équipe de soccer de Corinne, donnait des cours de langage gestuel et s'impliquait auprès des personnes handicapées. (Je ne veux pas insinuer que Paul était un saint, mais après treize années de mariage, nous nous connaissons bien, et il était et sera toujours mon meilleur ami.)

« Le 17 novembre 1994, nos vies furent bouleversées pour toujours. Je m'éveillai et découvris Paul à côté de moi dans notre lit, victime d'une grave crise cardiaque… or, la veille au soir, rien n'indiquait qu'il souffrait du moindre problème de santé. Paul venait de faire un arrêt cardiaque à l'âge de trente-sept ans. J'allumai les lumières, téléphonai au 911, fermai presque complètement la porte de la chambre de ma fille (sa chambre se trouvait directement de l'autre côté du couloir, à quelque deux mètres de la nôtre), attachai le chien et attendis l'arrivée des services de secours. Vous pouvez certainement imaginer le chaos qui s'ensuivit : hurlement des sirènes, gyrophares aveuglants, jappements du chien, et moi, criant à pleins poumons et pleurant comme une Madeleine. Les techniciens médicaux du service d'urgence furent merveilleux et ne ménagèrent pas leurs efforts pour sauver un homme qu'ils connaissaient bien (nous vivions dans une petite ville).

« Dans le feu de l'action, ils renversèrent une table de nuit et l'envoyèrent valser sur le sol, tirèrent mon mari hors du lit en faisant beaucoup de bruit, et installèrent leur équipement afin de le réanimer, un équipement qui vrombissait, bourdonnait, faisait baisser toutes les lumières de la maison et qui produisait en général un énorme vacarme. Pendant tout ce temps, ils lui criaient de tenir bon, tandis que je leur criais de me laisser aller dans la chambre de ma fille. J'aimerais bien vous dire qu'au moment critique un chœur céleste m'insuffla un extraordinaire sentiment de paix, mais rien de cela ne se produisit.

« Dès que je pus atteindre le couloir, tandis qu'ils transportaient Paul dans l'ambulance, je me précipitai dans la chambre de ma fille pour m'assurer qu'elle allait bien. Mais au moment où j'ouvris la porte de sa chambre (qui était demeurée tout ce temps légèrement entrouverte), convaincue qu'elle serait terriblement traumatisée, je vis une éclatante lumière. Toute la chambre *rayonnait* littéralement. Sur le coup, je crus qu'il s'agissait de la réflexion de tous les gyrophares à l'extérieur, mais l'ambulance et les véhicules du service d'urgence étaient stationnés dans l'entrée de l'autre côté de la maison. Cette éblouissante lumière blanche flottait au-dessus de son lit, à environ deux mètres de son petit visage, serein et endormi, et elle semblait vibrer. Soudain, lorsque je voulus m'en approcher, elle disparut. Après avoir demandé aux voisins de veiller sur ma fille, je me dirigeai vers l'hôpital.

« Le lendemain soir, couchée dans mon lit, je repassai dans ma tête les événements de la veille. Comment, Dieu, avait-elle pu dormir au milieu de tout ce bruit et de toute la confusion qui régnait à quelques mètres d'elle ? C'était tout bonnement *irréel*. J'eus alors ce que je peux uniquement décrire comme une vision divine. Il ne s'agissait pas d'un rêve, puisque je ne dormais pas. Brisée de chagrin, oui. Mais folle… Le jury ne s'est pas encore prononcé (je plaisante). Je suis une femme instruite et intelligente. Je vis clairement le visage de ma fille endormie dans son lit. Une éclatante et belle lumière se mit à remplir la chambre. Cette lumière était accompagnée d'une extraordinaire sensation de chaleur. Tandis que j'observais la scène, une haute silhouette portant une robe apparut, flottant à quelques centimètres du sol, resplendissante, très grande et forte, une créature imposante auréolée d'une vive lumière ; le même genre de lumière que j'avais vu flotter la veille au-dessus de son lit. Je regardai avec un mélange d'effroi et d'admiration cet être merveilleux s'agenouiller près de son lit et la recouvrir de ses ailes.

« Nous en avons souvent reparlé au fil des ans, et même si je sais que bien des gens mettront cela au compte de mon chagrin et/ou du manque de sommeil, je crois de tout mon cœur que Dieu a envoyé un ange pour épargner à ma fille la douleur d'être témoin des derniers moments de son père. Corinne n'a gardé aucun souvenir de son « visiteur ». Elle est demeurée profondément endormie durant tous ces tristes événements, ce qui est absolument incroyable compte tenu de la petite dimension du couloir et de tout le bruit que nous fîmes. Mais tout cela me paraît encore plus incroyable lorsque je songe à l'extraordinaire pouvoir de Dieu. »

****

Wendall m'écrit :

« Je ne sais pas s'il s'agit vraiment d'une rencontre avec un ange, mais le 8 novembre 1969, alors que je venais de fêter mes dix-neuf ans, je marchais en compagnie de trois autres soldats près d'un poste de garde lorsque soudain nous fûmes happés par une voiture. Je glissai sous la voiture, et les autres soldats furent projetés sur les côtés. Je fus ainsi traîné, certains disent sur cinquante, d'autres, sur soixante-quinze mètres, sans perdre conscience. Lorsque je parvins à me libérer, je me rappelle avoir fait plusieurs culbutes. Lorsque finalement je m'immobilisai, je vis qu'une adorable femme de race noire, vêtue d'une magnifique robe, était agenouillée près de moi. Bien qu'on craignît plus tard pour ma vie, je me rappelle que sa présence fut pour moi d'un grand réconfort et qu'il émanait d'elle un extraordinaire amour. Le chauffeur était parvenu à s'enfuir et demeura introuvable, et jusqu'à ce jour, je n'ai jamais su qui était cette femme. Comme je l'ai dit, je ne sais pas si j'ai rencontré un ange ce jour-là, mais cette femme m'a fait l'effet d'en être un. »

Cette femme était bel et bien un ange, et cela démontre qu'ils peuvent adopter de magnifiques formes pour nous venir en aide en temps de crise. Cela démontre également que les anges sont de toutes les couleurs, et qu'ils sont tous remplis d'amour et de compassion.

****

Mike m'écrit :

« Je suis un homme de quarante-neuf ans vivant dans le sud de la Californie. En octobre 2000, j'ai subi une grave opération à cœur ouvert au *Good Samaritan Hospital* de Los Angeles. En début de soirée (entre dix-sept et dix-huit heures), la veille de l'opération où l'on devait remplacer dans mon cœur une valvule mitrale affectée d'une malformation congénitale – malformation qui avait failli me coûter la vie – je me trouvais seul dans ma chambre d'hôpital lorsqu'une femme dans la mi-trentaine, de taille moyenne, les cheveux foncés, habillée de manière conservatrice mais avec goût, entra sans faire de bruit dans ma chambre.

« À ce moment-là, j'étais à l'hôpital depuis environ huit jours (car je souffrais de complications au niveau du foie, provoquées par mes problèmes cardiaques), et j'étais habitué à ce que des gens entrent et sortent de ma chambre, nuit et jour, pour une raison ou pour une autre. Mais cette femme s'avança vers moi (j'étais à moitié assis sur le côté gauche de mon lit) et me dit simplement : "Bonjour, vous allez être opéré demain ?"

« Je répondis : "Oui, c'est vrai, demain matin."

« Elle me demanda : "Êtes-vous inquiet ou anxieux ?"

« Comme ma famille et mes médecins ne m'avaient pas parlé des chances de succès de l'opération, je lui répondis par la négative, disant que je souhaitais seulement que cela se fasse, car je voulais vraiment me sentir mieux, et cette opération était le seul moyen de mettre fin à mes tourments. »

« Cette femme, qui en passant m'était vaguement familière, me demanda ensuite si j'étais un homme religieux. Je lui répondis sincèrement que non, je ne l'étais pas, mais que je croyais en Dieu. Puis elle me demanda si j'aimerais réciter une prière avec elle. Je répondis : "Oui, je veux bien." Elle alla s'asseoir de l'autre côté du lit, prit ma main droite dans la sienne, plaça son autre main au-dessus des nôtres, ferma les yeux, et se mit à réciter une prière.

« Je n'ai quasiment rien retenu de cette prière, excepté qu'elle a utilisé à plusieurs reprises l'expression "Notre Père qui êtes aux cieux". Toutefois, seize mois après cette soirée, je me souviens clairement de la force, de la fermeté et de la chaleur (presque brûlante) incroyable qui se dégageaient de ses mains. Et pourtant, en même temps, elles me semblaient douces et délicates. Pour vous donner une idée de cette sensation, je dirais que j'eus l'impression d'être empoigné avec délicatesse par un joueur de hockey. Elle pria pendant une minute ou deux, puis s'arrêta, relâcha ma main et dit quelque chose du genre : "Bonne chance pour demain", puis elle sortit dans le corridor et disparut. Au même moment, je me rappelle m'être senti détendu et en paix avec tout ce qui m'entourait pendant quelque temps. Après mûre réflexion, je commençai à me demander qui elle était vraiment. J'ai dû supposer qu'il s'agissait d'une religieuse qui rendait visite aux malades sur le point de subir une intervention chirurgicale majeure.

« Plus tard, ce soir-là, ma femme vint me rendre visite et je lui parlai de cet incident comme ça, en passant. Elle ne répondit rien sur le moment, mais elle me dit plus tard qu'elle avait cru que j'avais imaginé toute la scène, car sur mon formulaire d'admission, je n'avais spécifié aucune affiliation religieuse. En sortant de ma chambre, elle se rendit néanmoins au bureau de l'aumônier et demanda au pasteur qui était de service s'il envoyait systématiquement quelqu'un, et en particulier une femme, rendre visite aux malades la veille de leur opération. Elle apprit que c'était quelque chose qu'il ne faisait jamais, à moins que le patient demande à ce que le pasteur ou l'un de ses assistants (l'un étant un prêtre catholique et l'autre, un rabbin) lui rende visite avant son opération. Dans les cas où les personnes avaient affirmé n'avoir aucune affiliation religieuse, il préférait ne pas s'imposer et respecter leur état d'esprit et leurs dispositions. Il précisa qu'à sa connaissance aucune femme à l'intérieur de l'hôpital ou venant de l'extérieur n'avait offert ce genre de service à aucun moment.

« Je pense que ma femme continue à croire que j'ai halluciné ou rêvé de cette rencontre, mais je suis sûr qu'elle a vraiment eu lieu et que cette femme était bien réelle. Je peux encore sentir la chaleur et la douceur de ses mains autour des miennes, et je me rappelle avoir senti un lien profond s'établir entre nous tandis que nous priions. Encore aujourd'hui, je sais que je reconnaîtrais immédiatement son visage si je l'apercevais dans une foule, et j'ai toujours l'impression que je l'ai déjà vu quelque part.

« Bien que je n'aie pas vraiment de souvenirs de cette période de ma vie, ma mère et ma grand-mère m'ont raconté que lorsque j'étais petit, j'avais deux amis ou camarades imaginaires qui étaient pour moi bien réels. Est-il possible que j'aie connu cette femme à ce moment-là ? S'agissait-il de mon ange gardien ou de mon guide spirituel, et est-il possible pour moi d'entrer à nouveau en contact avec elle avant de mourir ? Et si cela ne dépend pas de moi, cela dépend-il d'elle ou de Dieu ? Je suis sûr que je la reverrai lorsque je serai finalement prêt à partir pour l'AU-DELÀ. »

La façon dont les anges se manifestent n'a pas vraiment d'importance ; l'important, c'est qu'ils se manifestent et nous réconfortent lorsque nous sommes dans le besoin. Si nous y réfléchissons bien et gardons les yeux ouverts, je parie que nous avons tous le souvenir d'un inconnu qui nous a aidés à un moment ou à un autre... et il s'agissait probablement d'un ange.

****

Kathie m'écrit :

« J'aimerais partager avec vous une histoire de rencontre avec un ange qui remonte à mon enfance. Je ne devais pas avoir plus de trois ans à ce moment, et pourtant je m'en souviens comme si c'était hier.

« Je vivais au sous-sol d'un immeuble à logements avec ma mère, deux sœurs et un frère, et je me rappelle qu'un soir ma mère, qui avait invité une amie à la maison, nous demanda d'aller jouer dans notre chambre. Je me rappelle que la porte de la chambre était fermée, et que pour une raison que j'ignore, aucun d'entre nous ne voulait s'en approcher. Mes sœurs devaient avoir sept et huit ans, et mon frère, deux ans. Probablement que notre petit manège finit par agacer ma mère. Elle quitta la salle de séjour qui se trouvait tout juste de l'autre côté du couloir et vint vers nous pour nous dire d'arrêter nos pitreries et d'être sages.

« Je me rappelle ensuite que ma mère ouvrit la porte de ma chambre et qu'un vent très, très froid s'engouffra subitement dans la pièce, mais la température remonta rapidement. La fenêtre était fermée, et comme je n'étais qu'une enfant, je ne comprenais pas d'où était venu ce vent, mais en même temps, comme je n'étais qu'une enfant, cela m'était également bien égal.

« Ma mère nous fit asseoir en cercle et demanda à son amie de se joindre à nous pour une prière. Enfants, nous avons été élevés de manière très religieuse, au point où il semblait que nous étions tout le temps à l'église ou en train de prier à la maison. De toute façon, l'instant d'après, ma mère nous disait qu'il y avait un ange dans la maison et que nous devions le trouver.

« Je me rappelle avoir cherché dans toute la maison, mais n'avoir rien trouvé, ce qui me brisa le cœur, car j'étais persuadée que j'allais voir un ange. C'est alors que je décidai d'aller voir dans la buanderie. J'ouvris la porte et vis, assise sur la sécheuse, la plus belle créature qu'il m'eut été donné de voir. Je dus avoir très peur, et je devais avoir l'air complètement pétrifiée, car cet être m'adressa alors la parole (je dis « être » parce que je ne sais pas s'il s'agissait d'un homme ou d'une femme.)

« L'ange dit : "Katherine, n'aie pas peur. Je ne te veux [ou peut-être *ferai*] aucun mal. Je serai toujours là pour te protéger. Je suis ton ange gardien."

« Je me tournai vers ma mère et lui demandai si elle voyait l'ange. Elle me répondit que non, et je lui demandai pourquoi. Elle me répondit que je pouvais le voir parce que mon cœur était pur et le sien ne l'était pas, ou quelque chose du genre. En toute honnêteté, je ne me rappelle pas si mon frère et mes sœurs l'ont vu, mais je sais qu'ils rencontrèrent d'autres esprits au fil des ans, tout comme moi d'ailleurs.

« Je n'oublierai jamais cette expérience, et je la chéris de tout mon cœur. Lorsque j'ai le cafard, je repense à cet instant et j'ai aussitôt l'impression que quelqu'un veille sur moi. Je ne saurais décrire précisément à quoi ressemblait cet ange, car un être d'une telle beauté dépasse tout ce qu'on peut imaginer. En même temps, cet ange avait un visage, mais il était sans traits. Cela vous semblera probablement incompréhensible, mais je me comprends.

« Si je devais comparer cet ange à quelque chose (même si la ressemblance est minime), je dirais qu'il ressemblait à une statue grecque avec des cheveux lui allant aux épaules et des ailes énormes et magnifiques. L'ange portait une longue robe comme en portaient les Grecs durant l'Antiquité, mais celle-ci était couleur d'or. De plus, on aurait dit qu'il émanait de ce vêtement une lumière vive et apaisante, et que tout le reste était incolore : ses cheveux, sa peau, ses yeux… Il n'y avait que cette luminosité. »

Comme je l'ai mentionné à de nombreuses reprises, les enfants ont le cœur pur et sont capables de voir ce que souvent les adultes ne peuvent pas voir. Cette histoire recoupe également les informations qui m'ont été transmises quant au caractère androgyne des anges. Remarquez que la manifestation de cet ange confirme également que les anges émettent souvent de l'énergie lorsqu'ils apparaissent devant nous, tant d'énergie en fait, que les anges semblent n'être que pure lumière et incolores, à l'exception de la couleur de l'énergie qu'ils mettent de l'avant.

****

Janet m'écrit :

« Des anges faisant la ronde autour d'un arbre… voilà une image qui est à jamais gravée dans mon esprit. Je venais de quitter la maison de l'une de mes amies et rentrais chez moi à pied – je devais avoir environ cinq ans – lorsque je tournai la tête et jetai un coup d'œil à mes amies en train de jouer dans la cour sous un arbre. C'était un peu comme si je les voyais du coin de l'œil. Il y avait là un ange magnifique d'allure féminine, qui veillait sur eux. Il ressemblait aux anges des livres d'images, avec de grandes ailes et de beaux vêtements.

« Enfant, je ne me rappelle pas avoir parlé de cet événement à personne, car j'avais l'impression que ce n'était pas quelque chose qui intéressait les gens autour de moi. Aujourd'hui, je partage mon expérience avec cet ange gardien chaque fois que je le juge approprié, bien que ce soit la première fois que je la couche par écrit. Soyez bénie de m'avoir donné l'occasion de partager avec vous cette expérience de vie. »

L'attitude de cet ange est également typique de la façon dont ils s'y prennent pour protéger les gens. J'ai le sentiment que nous les voyons souvent près d'enfants parce que ces petits sont si innocents et si simples, sans aucune négativité pour les bloquer.

****

Susan m'écrit :

« Une semaine avant le nouvel an 2001, ma famille et moi décidâmes d'aller en Virginie occidentale rendre visite à ma mère, et ainsi de donner l'occasion aux enfants de voir la neige pour la première fois. Chaque fois que j'entreprends un long voyage, surtout durant la période des vacances, je demande aux anges de nous accompagner. Tandis que nous roulions sur l'autoroute, Megan, ma belle-fille, prit une photo par la vitre de la voiture. Lorsque le laboratoire nous renvoya les photographies, nous vîmes qu'il y avait deux anges avec nous. Je conserve précieusement cette photographie sur mon bureau à mon travail pour me rappeler que mes anges sont toujours avec moi. »

Vous ne pouvez imaginer le nombre de photos que j'ai eu l'occasion de voir où l'on aperçoit les contours d'un ange dans le ciel ou une personne entourée de vives lumières qui ne peuvent pas toujours être expliquées par un reflet de lentille.

****

Adam m'écrit :

« L'ami de mon père se rendait avec toute sa famille dans un centre de villégiature. Il y avait beaucoup de brouillard ce jour-là, et la visibilité était réduite au minimum. Il me raconta qu'une lumière bleue était apparue tout à coup à l'avant de la voiture, sortie de nulle part. Comme il y voyait mieux, il se rendit compte qu'il avait quitté la chaussée et se dirigeait droit dans un précipice. Il donna aussitôt un coup de volant et regagna la route. J'aime bien cette histoire, et personnellement j'y crois. Cet homme est une personne tout ce qu'il y a de plus honnête, ce qui est plutôt rare dans ce monde. »

Cette histoire montre également que les anges ne font pas que nous protéger, mais aussi – comme il a été relaté plus tôt dans ce livre – qu'ils peuvent émettre de la lumière, convoquer des totems et même produire de l'énergie électrique.

****

Paula m'écrit :

« Le 24 septembre 2000, mon fils, Dylan, et moi décidâmes d'aller faire une randonnée en forêt dans les environs de Pigeon Hill, en Georgie. Comme Dylan voulait apporter des bonbons au chocolat, je les mis avec mon appareil photo dans mon sac banane. Nous marchâmes environ deux kilomètres jusqu'à un ruisseau où nous nous arrêtâmes pour jouer dans l'eau, lancer des cailloux et marcher sur de grosses branches d'arbre. Pendant tout ce temps, je pris des photos de lui en train de s'amuser. Puis je remarquai qu'il y avait de la brume flottant le long de la berge. Je pensai immédiatement qu'il s'agissait d'anges, mais je ne comprenais pas pourquoi ils se trouvaient là. Je jetai un coup d'œil en amont et en aval du ruisseau ; la brume se trouvait uniquement autour de mon fils. Au bout de quelques minutes, elle disparut.

« Dylan joua dans l'eau pendant encore une trentaine de minutes, puis nous décidâmes de retourner à la voiture. Je lui donnai ses bonbons afin qu'il puisse les manger sur le chemin du retour. Dylan marchait à environ deux mètres devant moi sur le bord du sentier. Soudain, il poussa un cri et sursauta, et je me précipitai vers lui. Un serpent venimeux (un *Cottonmouth*) d'environ un mètre de long, en position d'attaque, avait les yeux fixés sur nous. Je saisis Dylan par le bras et lui demandai s'il allait bien. Il m'expliqua qu'il avait laissé échapper un bonbon par terre, ce qui l'avait amené à baisser les yeux, juste à temps pour apercevoir le serpent. Un pas de plus et il aurait marché dessus. Je compris alors pourquoi les anges étaient avec nous, et je les remerciai d'avoir veillé sur mon fils. Sur les photographies que j'ai prises ce jour-là, on voit clairement la brume (les anges) autour de Dylan.

« Après pareille épreuve, comme je sentis le besoin de partager mon histoire avec quelqu'un, je téléphonai à ma grand-mère Letitia, une femme de quatre-vingt-quatre ans. Après lui avoir raconté mon histoire, elle insista pour me raconter sa propre rencontre avec des anges, et c'est cette histoire que j'aimerais à présent partager avec vous.

« Letitia avait fait une chute et s'était cassé la hanche quelques années plus tôt. De retour à la maison, elle fut réveillée au cours de la nuit par une lumière rose au-dessus de son lit. La lumière devint de plus en plus grosse, puis des anges vêtus de robes apparurent et dirigèrent cette lumière au-dessus de son lit pour former comme une tente. Finalement ils disparurent, mais après cette rencontre, Letitia se remit très rapidement de sa blessure. Nous tombâmes d'accord pour dire qu'ils étaient venus pour la guérir afin qu'elle puisse demeurer avec nous plus longtemps. Letitia a été capable de voir des fantômes en train de jouer et des anges en train de prendre soin d'elle. Le fait de partager cette expérience avec elle a beaucoup renforcé notre relation. »

Comme nous venons de l'observer, non seulement nous voyons les lumières colorées émises par les anges, mais également les brumes blanches qui souvent les entourent.

****

Suzanne m'écrit :

« J'ai deux histoires d'anges à vous raconter, du moins, je crois qu'il s'agit de rencontres avec des anges. Comme je vis à la campagne, je dois franchir au moins cinquante kilomètres chaque fois que je veux me rendre quelque part. Et vous devez également savoir que j'aime conduire assez rapidement. Bref, j'étais à l'époque employée dans une épicerie et m'affairais ce jour-là à mettre de l'ordre dans le présentoir des magazines. Pendant que j'étais à l'avant du magasin, plusieurs clients vinrent me saluer et je bavardai avec eux tout en travaillant. Une femme que je n'avais jamais vue et que je ne devais jamais revoir engagea la conversation avec moi et me dit tout à coup : "Soyez prudente lorsque vous passerez près de l'église ; vous savez que les cerfs sont affamés." Sa remarque me surprit quelque peu, car nous étions en train de parler de quelque chose de complètement différent, mais je lui répondis quand même : "Merci, je ferai attention en rentrant chez moi."

« Sur le chemin du retour cet après-midi-là, je ne peux pas dire que j'avais encore à l'esprit la recommandation de cette femme, mais je roulai néanmoins sous la limite de vitesse. Au moment où j'approchai du pont situé près de l'église baptiste de Chapel Hill, huit cerfs traversèrent le route devant moi. J'eus le temps de m'arrêter, car je n'allais pas aussi vite que d'habitude. Je roulais seulement à soixante-cinq ou soixante-dix kilomètres à l'heure. Je suis sûre que cette femme était un ange. »

Il s'agissait bien d'un ange venu donner un conseil et offrir protection par le biais d'un avertissement. La plupart du temps, les anges sortent de nulle part, puis disparaissent aussitôt. C'est un peu comme si ces messagers étaient envoyés ici dans une enveloppe temporelle pour nous protéger. Mais retournons à la lettre de Suzanne.

« Pour ce qui est de ma seconde histoire, je ne suis pas sûre qu'il s'agissait d'un ange, mais quelque chose me dit que c'en était un. Ce jour-là, je me rendais comme à mon habitude à mon travail (dans une autre ville, et pour occuper un emploi différent). Les routes étaient verglacées, et je roulais lentement en raison des mauvaises conditions routières. En chemin je dus m'arrêter à un feu rouge, à une intersection où je dois ensuite tourner à droite dans une rue à sens unique. J'écoutais du bon vieux rock-and-roll, et Noël approchait. Comme je préfère les chants de Noël interprétés de manière traditionnelle plutôt que dans le style rock, quel ne fut pas mon étonnement lorsque cette station fit jouer *"Joy to the World"* (mon chant préféré), au point où j'oubliai complètement de tourner à droite. En fait, j'étais trop absorbée dans la contemplation de mon poste de radio ! Tandis que j'écoutais cette chanson, une vieille semi-remorque qui n'avait pu s'arrêter à cause de la glace passa en trombe et brûla le feu rouge. Si j'avais tourné aussitôt que j'en avais eu la chance, je me serais fait frapper par ce camion. Je suis sûre qu'il s'agissait d'une intervention angélique. »

Le second récit de Suzanne montre bien que Dieu et Ses anges sont toujours là pour nous protéger.

****

Kim m'écrit :

« Mon histoire est du genre qui ne s'oublie pas. Elle s'est déroulée pendant l'été de mes treize ans. J'étais allée à la plage avec une amie, et nous nagions dans l'océan, sautant au milieu des vagues et nous amusant follement. Nous ne savions pas que les sauveteurs avaient prévenu les gens contre les dangers du contre-courant. Avant que nous eûmes le temps de nous rendre compte de ce qui nous arrivait, nous étions loin du rivage, les vagues continuaient de déferler l'une après l'autre, et il n'y avait plus personne autour pour nous aider. J'avais de plus en plus de mal à reprendre mon souffle entre les vagues, et mes bras commençaient à se fatiguer. Finalement, je n'arrivai plus à garder la tête hors de l'eau et coulai au fond. Je me rappelle que mon postérieur a touché le fond de l'océan et que je suis demeurée là, épuisée, à prier Dieu encore et encore, afin qu'Il me vienne en aide. Puis je me rendis compte que je ne faisais plus d'efforts pour remonter à la surface, et j'eus l'impression que j'étais devenue un poisson, car on aurait dit que je pouvais respirer sous l'eau (j'ai toujours eu peur de me noyer, car je pensais qu'il devait être horrible de manquer d'air).

« Tandis que je récitais mes prières, je me sentis de plus en plus sereine, puis tout à coup, je remontai brusquement à la surface, comme si je m'étais arrachée du fond de l'océan en poussant avec mes pieds (mais j'étais assise au fond, et non debout). J'aperçus alors mon amie qui luttait pour demeurer à la surface, et je pus saisir sa main et l'agripper. Puis, venant de l'océan, et non de la plage, nous vîmes deux surfeurs qui nous firent monter sur leur planche et nous ramenèrent jusqu'au rivage. Chose étrange, ces deux surfeurs étaient des jumeaux identiques et avaient tous les deux des yeux bleus perçants. Après être descendues de leur planche et avoir regagné la plage, nous nous retournâmes pour les remercier, mais ils avaient disparu… ils n'étaient ni sur l'eau, ni sur la plage. Je crois sincèrement que ces deux garçons étaient des anges, et qu'ils nous ont sauvées parce que notre heure n'était pas encore venue. Depuis cette expérience, je ne crains plus la mort, ni la douleur qui peut l'accompagner. »

Le récit de Kim est un autre exemple illustrant comment les anges peuvent prendre différentes formes pour nous venir en aide. Remarquez également comment dans cette histoire les anges ont travaillé de concert : un ou plusieurs anges pour la propulser vers la surface, et deux autres pour les secourir, elle et son amie.

****

Rose m'écrit :

« Lorsque ma fille, Ashley, aujourd'hui âgée de quatorze ans, en avait cinq, elle passait beaucoup de temps dans la solitude de sa chambre. De la cuisine, qui se trouvait directement sous sa chambre, je pouvais l'entendre danser et chanter, et je me disais : "Comme c'est mignon." Un jour, je décidai de prêter l'oreille à ce qui se passait là-haut durant l'un de ces interludes musicaux, et j'en eus le souffle coupé. Tandis que je me tenais en silence près la porte de sa chambre, j'entendis Ashley chanter, pouffer de rire et mener une extraordinaire conversation à sens unique. Au début, je trouvai cela mignon, pensant qu'elle avait une amie imaginaire, mais soudain j'entendis la petite voix d'Ashley qui m'appelait : "Tout va bien, maman ; tu peux entrer. Je bavarde simplement avec mes anges. Ils sont si rigolos !"

« Muette de stupeur, j'entrai dans sa chambre où, à l'âge vénérable de cinq ans, elle m'expliqua que ces anges étaient en fait ses amis. Elle me raconta qu'ils venaient tout le temps jouer avec elle et que si je ne la croyais pas, je pouvais toujours leur demander, puisqu'ils se trouvaient avec nous dans la chambre ! J'étais euphorique et honorée d'avoir assisté à ce moment magique, mais je répondis à ma fille que je préférais la laisser tranquille afin qu'elle puisse jouer avec ses magnifiques amis. »

Les anges ont une affinité particulière avec les enfants, car ces derniers n'ont pas encore été corrompus, personne ne leur ayant dit qu'il était impossible de voir ou d'entendre un ange. Dans le cas précédent, les anges étaient les compagnons de jeu d'Ashley, mais les guides spirituels sont également les « amis imaginaires » d'enfants de partout à travers le monde.

****

Pour finir en beauté, voici une histoire qui démontre et confirme plusieurs observations quant à la nature des anges.

Veronica m'écrit :

« Je viens tout juste de terminer la lecture de votre livre *Aller-retour dans l'AU-DELÀ*, et après avoir consulté votre site Internet et vu que vous encouragez vos lecteurs à vous envoyer leurs histoires de rencontre avec un ange, j'ai décidé de partager mon histoire avec vous.

« Je devais avoir cinq ou six ans, et j'étais en train de jouer dehors avec mes amis dans la ville de Mexico où j'ai grandi. La rue devant notre maison ressemblait davantage à un boulevard ; c'était une large rue séparée au milieu par un terre-plein gazonné. Nous vivions au milieu d'une côte, ce qui veut dire que presque toutes les voitures qui passaient devant chez nous allaient à des vitesses folles. Or mes amis vivaient de l'autre côté de la rue, et ma mère nous implorait sans cesse d'être extrêmement prudents lorsque nous devions traverser la rue pour nous rendre chez les uns ou chez les autres. Évidemment, il nous était interdit de jouer dans la rue ou même sur le trottoir.

« Ce jour-là, nous étions en train de jouer une scène tirée du film *La guerre des étoiles* dans la cour avant d'un voisin. Comme mon frère était l'autorité suprême en la matière et possédait tous les jouets et toutes les armes associés au film, je me portai volontaire pour aller chercher à la maison le modèle dont nous avions besoin. J'avais appris à regarder des deux côtés avant de traverser une rue, et mes parents m'avaient souvent parlé des dangers inhérents à cette chaussée en particulier.

« Ce jour-là, pour une raison que j'ignore, je ne regardai pas ou regardai mal avant de traverser. Je m'élançai au milieu de la rue, joyeuse et résolue à aller chercher ce jouet. Mais tout à coup, je vis qu'une Coccinelle Volkswagen fonçait droit sur moi. Je me rappelle avoir eu le réflexe de faire un pas en arrière en direction du trottoir, mais je me trouvais déjà au milieu de la rue. Cette pensée s'était-elle traduite en action, je l'ignore. Mais je me rappelle la sensation d'avoir été enveloppée par quelque chose de doux, et n'avoir vu qu'un éclair de lumière, tout cela au même moment. Puis je me rendis compte que j'étais à moitié sous le devant de la voiture, les mains posées sur le pare-chocs chromé à la hauteur de ma poitrine. Pour un spectateur, ma position devait suggérer que je venais d'arrêter cette voiture en m'agrippant à son pare-chocs. Je me rappelle avoir levé les yeux et m'être rendu compte que j'étais étendue sur le dos au milieu de la voiture, mes jambes parfaitement étendues devant moi. Quelques secondes plus tard, j'entendis et vis deux jeunes hommes sortir précipitamment de la voiture et venir vers moi. Je n'avais pas peur ; au contraire, je me rappelle leur avoir dit que tout allait bien pour les rassurer.

« Je me rappelle encore cette sensation d'avoir été enveloppée par quelque chose de doux, puis d'avoir été saisie par les mains plutôt rugueuses de ces hommes qui m'aidèrent à m'extirper de sous leur véhicule. Et je me rappelle que ma mère criait mon nom d'une fenêtre du deuxième étage de la maison.

« Ce qui se passa par la suite, ce n'est pas très clair dans mon esprit, mais deux choses se sont superposées dans ma mémoire au cours des heures qui suivirent : l'absolue certitude que j'avais été touchée par quelque chose de pur et de saint (cette sensation est demeurée vivace pendant quelques jours, comme les dernières lueurs de l'aube) et l'extrême gratitude que j'ai ressentie en voyant que j'étais saine et sauve ; je n'avais ni égratignure, ni bosse, ni contusion après un accident où normalement j'aurais dû au mieux avoir les deux jambes cassées et au pire, mourir. Il n'y a pas d'autres explications pour la façon dont je me suis retrouvée sous cette voiture, et pour cette sensation d'être enveloppée par quelque chose de doux qui m'a soudain envahie. Je suis convaincue que ce miracle est l'œuvre de mon ange. »

Voici un exemple remarquable de la miraculeuse habileté des anges à nous protéger et à nous défendre. À nouveau, cela me rend folle d'entendre certaines personnes demander : « Que font-ils au juste tous ces anges ? » Si nous repensons aux événements qui ont marqué notre vie, nous découvrirons que nous avons tous évité de nombreuses catastrophes grâce à l'intervention rapide et aimante d'un ange.

Épilogue

PEUT-ÊTRE est-ce en raison de toutes ces merveilleuses histoires d'anges, toutes aussi véridiques et édifiantes les unes que les autres, que j'ai fait cette extraordinaire découverte tandis que je rédigeais ce livre. Je suis convaincue, sans fausse modestie, que Dieu, ainsi que nos guides et nos anges, nous ont tous insufflé de profondes vérités. Si nous sommes ouverts à eux, leur message se gravera dans notre esprit pour toujours.

Combien de fois ai-je entendu des gens me dire : « Plus je suis attentif et plus j'en apprends, plus mes dons psychiques s'améliorent. » Je n'ai jamais compris pourquoi nous essayons de séparer ces deux choses. Plus notre esprit, notre cœur et notre âme tendent vers Dieu, plus nous recevons d'informations. J'ai toujours cru – pour utiliser une analogie – que nous venions au monde avec un téléphone cellulaire, deux gobelets de carton reliés par une ficelle ou un don pour lire les signaux de fumée émis par Dieu ; mais nous oublions facilement comment utiliser ce don, et un jour nous le perdons complètement. Non pas uniquement sur le plan de la religiosité (notez que ce n'est pas la même chose que la religion), mais parce que la vie prend de plus en plus de place et expulse tout ce qu'il y a de divin en nous.

Cette vérité toute simple m'est apparue à la suite d'une longue réflexion sur cette question séculaire et récurrente : *Où se trouve mon âme sœur / où se trouve la personne qui me complètera ?* Nous oublions que nous avons de nombreuses personnes à aimer, incluant celles que nous pouvons voir et celles qui sont invisibles : nos êtres chers décédés, nos guides, nos anges, et le dernier mais non le moindre, Dieu. Je suis convaincue que l'humanité est toujours à la recherche de l'amour et se demande sans cesse pourquoi la vie semble incomplète parce qu'ici, sur le plan terrestre, nous sommes séparés ou du moins nous avons l'impression d'être séparés du Bien Suprême, qui n'est pas seulement l'AU-DELÀ, mais l'amour omniprésent de Dieu.

L'amour est véritablement la réponse à toutes nos questions. Être divin, cela veut dire être dans un état d'amour, et pas seulement *vouloir* être aimés. Les anges sont l'incarnation de ce concept dans sa forme la plus pure. Oui, l'amour existe sur terre, mais cet amour ne se compare pas à celui qui nous attend dans l'AU-DELÀ, lieu de notre véritable demeure. C'est donc en vain que nous cherchons ici-bas cette perfection dans les êtres et les choses, et en vain que nous nous sentons abattus lorsque nous avons l'impression qu'ils nous ont trahis. L'humanité est un tissu d'erreurs et de mensonges, mais cela ne saurait nous priver de notre Divinité Ultime, car étant issus de Dieu, nous possédons un bagage génétique parfait.

Comme je le dis souvent, une fois que nous avons accepté que notre passage sur terre n'est qu'un mauvais moment à passer, et que nous pouvons nous en sortir grâce à Dieu, l'ultime source d'Amour, et à tous les hôtes célestes qui nous assistent, la vie prend une signification plus riche et plus profonde. Je ne dis pas cela pour discréditer l'idée que nous devrions avoir un partenaire ; mais jusqu'à ce que nous acceptions Dieu et Ses anges adorés dans notre vie, il semble que nous soyons voués à l'échec et à répéter les mêmes erreurs. Un jour, nous serons tous réunis avec nos êtres chers… et notre Créateur adoré et Ses magnifiques anges nous aideront à y arriver. Dieu vous aime, et moi aussi je vous aime,

— **Sylvia**

P.S. Ayez toujours un ange sur votre épaule ou sur les deux épaules ou à tout autre endroit qu'il vous plaira. Même si vous ne leur demandez rien, vos anges viendront à votre secours de toute façon, car ils sont le prolongement de l'Amour Ultime que Dieu a pour nous.

Au sujet de l'auteure

Des millions de personnes ont été témoins des extraordinaires pouvoirs médiumniques de **Sylvia Browne**, que ce soit à l'émission **Montel**, **Larry King Live**, **Entertainment Tonight** ou **Unsolved Mysteries** ; Sylvia a également fait parler d'elle dans les magazines **Cosmopolitan** et **People**, ainsi que dans divers médias nationaux. Sylvia Browne est l'auteure de plusieurs ouvrages et livres parlés, la présidente de la Corporation Sylvia Browne, et le fondateur de sa propre Église *the Society of Novus Spiritus*, établie à Campbell, dans l'État de la Californie. Vous pouvez joindre Sylvia à : **www.sylvia.org** ou en téléphonant au **408-379-7070** pour de plus amples informations.

Au sujet de l'artiste

Christina Simonds fait partie du personnel de bureau de Sylvia Browne et œuvre à titre de pasteur au sein de *the society of Novus Spiritus*. Elle conçoit son travail d'illustratrice comme un moyen de promouvoir la philosophie chrétienne gnostique grâce au symbolisme de son art. Pour faire l'achat d'une reproduction des dessins contenus dans ce livre, visitez son site Internet à l'adresse : **www.angelart-cs.com**.

Autres titres de Sylvia Browne disponible chez

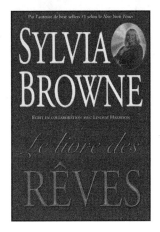

Notes

Notes

Notes

Notes

Notes

Notes

Notes

Notes

Notes